Como Conviver com o Diabetes

Saiba como controlar o diabetes com exercícios, alimentação equilibrada e métodos alternativos

série
saúde
natural

Como Conviver com o Diabetes

Saiba como controlar o diabetes com exercícios, alimentação equilibrada e métodos alternativos

Dra. Sarah Brewer

PUBLIFOLHA

Para o meu maravilhoso marido Richard

Overcoming diabetes foi publicado no Reino Unido e na Irlanda em 2008 pela Duncan Baird Publishers Ltd. 75-76 Wells Street, 6º andar, Londres W1T 3QH.

COORDENAÇÃO DO PROJETO: PUBLIFOLHA
Coordenação editorial: Camila Saraiva
Coordenação de produção gráfica: Soraia Pauli Scarpa
Assistência de produção gráfica: Mariana Metidieri

PRODUÇÃO EDITORIAL: ESTÚDIO SABIÁ
Edição: Silvana Salerno
Tradução: Áurea Akemi Arata
Consultoria: Dr. Hossein Ali, cardiologista e geriatra do Hospital São Luiz (São Paulo)
Preparação de texto: Paola Morsello
Revisão: Hebe Lucas, Mariana Diniz Mendes, Nina Rizzo
Editoração eletrônica: Pólen Editorial

EDIÇÃO ORIGINAL: DUNCAN BAIRD PUBLISHERS
Gerente editorial: Grace Cheetham
Editora: Kesta Desmond
Gerente de design: Manisha Patel
Projeto gráfico: Gail Jones
Tipografia: Allan Sommerville
Artista gráfico: Mark Watkinson
Fotógrafos: Toby Scout e Simon Smith
Produção fotográfica: Mari Mererid Williams
Pesquisa iconográfica: Susannah Stone

Dados Internacionais de Catalogação na Publicação (CIP)
(Câmara Brasileira do Livro, SP, Brasil)

Brewer, Sarah
Como conviver com o diabetes : saiba como controlar o diabetes com exercícios, alimentação equilibrada e métodos alternativos / Sarah Brewer ; [tradução Áurea Akemi Arata]. – São Paulo : Publifolha, 2009. – (Saúde natural)

Título original: Overcoming diabetes.
ISBN 978-85-7402-965-8

1. Diabetes - Aspectos nutricionais
2. Diabetes - Obras de divulgação I. Título. II. Série.

CDD-616.462
08-11189 NLM-Wk 810

Índices para catálogo sistemático:
1. Diabetes : Obras de divulgação : Medicina 616.462

A grafia deste livro segue as regras do **Novo Acordo Ortográfico da Língua Portuguesa**.

Nota editorial: 1 colher (chá) = 5 ml, 1 colher (sopa) = 15 ml, 1 copo = 250 ml.
As informações deste livro não devem substituir o aconselhamento e o tratamento médico. Se estiver grávida, ou sofrer de quaisquer doenças ou problemas de saúde, consulte o médico antes de seguir os conselhos, a dieta e as práticas sugeridas neste livro.

PUBLIFOLHA
Divisão de Publicações do Grupo Folha
Al. Barão de Limeira, 401, 6º andar
CEP 01202-900, São Paulo, SP
Tel.: (11) 3224-2186/ 2187/ 2197

Este livro foi impresso em janeiro de 2009 na gráfica Corprint sobre papel offset 120 g/m².

sumário

como conviver com o diabetes introdução

Estima-se que 246 milhões de adultos sofram de diabetes no mundo todo, sendo que duas pessoas recebem esse diagnóstico a cada dez segundos. O número de pessoas com diabetes tipo 1 vem aumentando em proporções alarmantes de 3 por cento ao ano, enquanto o diabetes tipo 2 está se tornando tão frequente que, em algumas comunidades, metade dos adultos com mais de 35 anos enfrenta a disfunção. Todos os anos, 7 milhões de pessoas desenvolvem diabetes; estima-se que por volta de 2025, pelo menos 380 milhões de pessoas terão a doença.

O diabetes é uma doença na qual os níveis de glicose no sangue são anormalmente altos, pois o organismo não consegue mais usar a glicose de forma adequada como fonte de energia. O uso da glicose como energia requer a insulina, um hormônio produzido pelo pâncreas. Cerca de uma em cada dez pessoas tem diabetes tipo 1, no qual há uma grande falta de insulina. Entretanto, a grande maioria tem diabetes tipo 2, quando a insulina é produzida, mas não em quantidade suficiente para suprir as necessidades do organismo. Pode até haver um nível de insulina mais alto que o normal no organismo – porque o organismo fica resistente à ação da insulina, e o pâncreas responde produzindo-a cada vez mais. Em grande parte, a resistência à insulina se deve à falta de exercício físico, sobrepeso e obesidade.

Infelizmente, para cada pessoa ciente de seu diabetes, há outra que ignora ter a doença. O diabetes está associado a várias complicações desagradáveis que matam mais de 3 milhões de pessoas a cada ano – uma a cada dez segundos. É uma tragédia, visto que a maioria dos casos de diabetes tipo 2 pode ser prevenida, e muitas pessoas com níveis de glicose altos poderiam normalizar essa taxa com mudanças na alimentação e na rotina.

A glicose é uma substância química muito reativa, que "ataca" e se liga às proteínas na circulação, e a órgãos como rins e olhos. Por isso é que, a longo prazo, um nível alto de glicose no sangue pode provocar certas complicações do diabetes: infarto, derrame, insuficiência renal e perda da visão. Com um bom controle dos níveis de glicose, o risco de desenvolver complicações pode diminuir expressivamente.

Caso tenha diabetes tipo 2, perder peso, fazer exercícios e seguir uma dieta de alimentos integrais de baixo índice glicêmico podem melhorar a secreção

Observe estes símbolos

Em todo o livro há quadros que apontam informações úteis, interessantes ou relevantes, com os símbolos que aparecem a seguir. A seta indica que o quadro contém instruções práticas. O sinal de adição destaca informações adicionais sobre o assunto em discussão, ou sobre o diabetes em geral. O ponto de exclamação indica um aviso ou precaução.

de insulina e reduzir a resistência do organismo a seus efeitos. Muitos suplementos, remédios fitoterápicos, terapias complementares e técnicas de relaxamento também podem ajudar a baixar a glicose. Em geral, tais medidas são suficientes para controlar as taxas de açúcar, sem a necessidade de medicação.

Se você tiver diabetes tipo 1, há pouco a fazer para aumentar a produção natural de insulina, mas mudanças na dieta e na rotina podem melhorar sua saúde geral, reduzindo o risco de complicações a longo prazo e aliviando os sintomas das complicações, caso venha a desenvolvê-las.

Neste livro forneço informações nutricionais e de estilo de vida que irão ajudá-lo a melhorar o controle da glicose e reduzir o risco de complicações da doença. Como cada pessoa é diferente, e nenhum plano de dieta e de estilo de vida é adequado a todos, desenvolvi três abordagens diferentes: os programas suave, moderado e de força total – um dos quais provavelmente será apropriado para você. Para encontrar o plano correto, complete o questionário das pp. 74-76, que o ajudará a seguir a direção certa.

Para as pessoas que gostam de levar as coisas com calma, o programa suave introduz princípios dietéticos saudáveis, como o corte de carboidratos refinados, o preparo de alimentos sem sal, a ingestão de mais frutas, legumes, peixes e a redução de consumo de carne vermelha. Os suplementos alimentares são indicados no nível mínimo sugerido pelas pesquisas, pois têm efeito benéfico significativo na saúde. No programa suave há exercícios abdominais e caminhadas em ritmo acelerado, e serão introduzidas abordagens complementares que ajudam a controlar a glicose, ativar a circulação e a relaxar. Incluí também ioga, massagem, meditação, terapia magnética, homeopatia e aromaterapia.

Para os mais arrojados, ou os que já têm uma dieta e estilo de vida relativamente saudáveis, o programa moderado introduz uma alimentação de baixo índice glicêmico baseado na dieta mediterrânea, que aumenta o consumo de alho, azeite, frutas, legumes e peixes.

Siga as recomendações médicas!

As informações e conselhos dados neste livro são apenas para informação geral. Não pretendem substituir o aconselhamento médico, e não são dirigidos nem a gestantes nem a quem desenvolveu diabetes gestacional. Este livro apresenta uma abordagem holística, que visa complementar os tratamentos prescritos pelo médico. Se estiver tomando medicamentos, comprimidos ou injeções para diabetes, siga atentamente a prescrição do médico. Se quiser fazer alterações na dieta ou começar a tomar suplementos, converse antes com ele. Você deve saber monitorar a glicose no sangue, e como ajustar a medicação se o nível aumentar (ou diminuir). Não pare de tomar os medicamentos prescritos sem a autorização do médico. Assim que a taxa glicêmica melhorar, seu médico ficará feliz em ajustar a medicação por ele prescrita.

Os suplementos alimentares são sugeridos em doses mais terapêuticas, e o programa de exercícios é mais intenso. Além disso, introduzo abordagens complementares, como medicina aiurvédica, exercícios respiratórios e reflexologia.

Para os que desejam seguir o programa força total, as mudanças alimentares de baixo índice glicêmico sugeridas se baseiam num dos mais saudáveis tipos de alimentação no mundo – a dieta japonesa, que possui pratos exóticos como sashimi (peixe cru), cogumelos medicinais e algas marinhas. Os suplementos alimentares são sugeridos na máxima dose terapêutica, e serão introduzidas técnicas complementares, como a acupressão, shiatsu, acupuntura e uma série de posturas de ioga conhecidas como saudações ao sol.

Para acompanhar este livro criei um site: www.naturalhealthguru.co.uk (em inglês). Lá você encontrará mais receitas, além das pesquisas mais recentes. Visite o site regularmente para nos contar o seu progresso nos programas da Parte 3 e compartilhar suas conquistas.

1

Entenda o diabetes Existem muitos mitos sobre o diabetes, tais como: "é causado pela ingestão excessiva de açúcar" e "diabetes tipo 2 é menos grave que diabetes tipo 1". Nas páginas seguintes, fornecerei **informações sobre o diabetes** e explicarei as diferenças entre os dois tipos principais. Tanto no **diabetes tipo 1 quanto no tipo 2** o organismo não consegue processar a glicose da forma normal. Ou seja, mesmo quando se ingerem alimentos açucarados, o organismo não consegue processar a glicose corretamente, sendo privado da sua principal fonte de energia. Se tiver diabetes tipo 1, pode ter **sintomas** como perda de peso acelerada, pois o corpo começa a queimar a gordura e os músculos. Se for portador de diabetes tipo 2, o organismo ainda é capaz de absorver alguma glicose, mas uma quantidade significativa permanece na corrente sanguínea, trazendo **consequências a longo prazo** para a saúde. O **diagnóstico correto e o controle do diabetes** são muito importantes – desde o momento do diagnóstico podem-se tomar medidas para otimizar a saúde futura. O mais importante é aprender a controlar a glicose no sangue com eficácia, o que auxiliará a prevenir ou retardar muitas das complicações **do diabetes a longo prazo**, que podem provocar danos ao coração, aos vasos sanguíneos, aos nervos e aos rins. O **tratamento do diabetes** varia – algumas pessoas necessitam de insulina ou comprimidos; para outras, uma dieta e rotina saudáveis são suficientes.

o que é diabetes?

O diabetes é uma doença caracterizada pela incapacidade do organismo de processar a glicose corretamente. A glicose é uma das formas mais simples de açúcar – resulta da quebra dos carboidratos presentes nos alimentos, como pães, cereais, batatas, arroz ou açúcar, durante a digestão. Também pode ser liberada pelo fígado se a ingestão de carboidratos for baixa. A glicose é a principal fonte de energia do organismo – é metabolizada nas células para produzir energia, daí a importância de ter sempre quantidade suficiente à disposição. Se o nível de glicose no sangue cair demais, as células do cérebro não conseguem funcionar adequadamente e perde-se a consciência. De modo inverso, se o nível de glicose subir demais, experimentam-se sintomas como sede e vontade de urinar com frequência. As taxas de glicose no sangue, se permanecerem altas por muitos anos, podem prejudicar a saúde seriamente.

Nível saudável de glicose

Um organismo saudável mantém o controle rígido da quantidade de glicose presente no sangue. A glicose no sangue é medida em milimoles de glicose por litro (ou miligramas por decilitro), sendo abreviada como mmol/l (mg/dl). A média saudável encontra-se por volta de 3,9–5,6 mmol/l (70–100 mg/dl). Se o nível de glicose no sangue for muito baixo, o fígado libera certa quantidade na circulação. Se houver glicose demais no sangue, o excesso é rapidamente convertido numa forma que pode ser depositada; por exemplo, em glicogênio, que se acumula no fígado, ou em triglicérides, que se acumula na gordura corporal.

Controle da glicose no sangue pela insulina

Embora a glicose possa se movimentar com liberdade em algumas células, como nas do fígado e do cérebro, a maioria das células do organismo é protegida por um mecanismo especial projetado para deixar a glicose penetrar apenas quando necessário (pois o excesso de glicose é prejudicial). A chave que abre esse mecanismo é o hormônio insulina. A glicose consegue se movimentar do sangue para os músculos e para as células de gordura para ser usada como energia apenas na presença da insulina. Caso contrário, permanece no sangue sem ter para onde ir. A ausência, ou a falta de insulina, é uma das características que definem o diabetes.

O pâncreas A única fonte de insulina do organismo é o pâncreas, uma glândula situada logo abaixo do estômago. As células responsáveis pela secreção de insulina são as células beta, que ficam dentro de um grupo de células especializadas, denominadas ilhotas de Langerhans. Quando as células beta detectam o aumento de glicose no sangue, depois do café-da-manhã, por exemplo, imediatamente liberam insulina na corrente sanguínea, permitindo que a glicose penetre nas células, onde será metabolizada como energia.

Assim que a glicose se movimenta do sangue para as células, a quantidade de glicose no sangue diminui, e as células beta do pâncreas reduzem a produção de insulina. Quando o nível de insulina diminui, a glicose não pode mais penetrar nas células. Esse mecanismo assegura que sempre haja glicose suficiente na circulação para suprir a necessidade das células cerebrais, que absorvem a glicose sem ajuda da insulina.

A insulina também regula os níveis de glicose no sangue, fazendo o fígado parar de liberar glicose na corrente sanguínea quando os níveis aumentam. De modo inverso, se a glicose no sangue diminuir, os níveis mais baixos de insulina farão o fígado liberar a glicose.

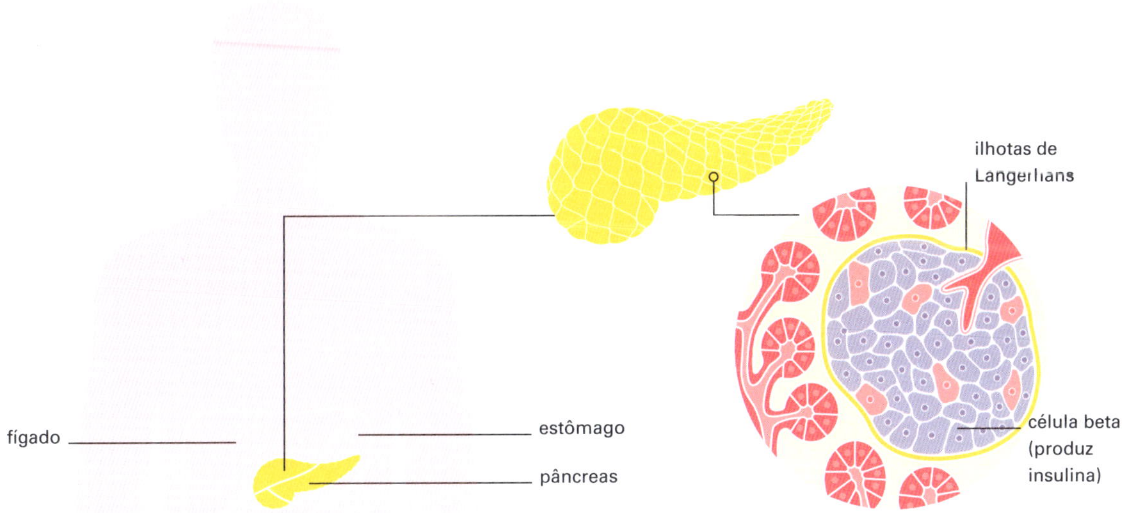

O pâncreas
Dentro do pâncreas existem células especializadas conhecidas como ilhotas de Langerhans. Dentro estão as células beta, que produzem toda a insulina do organismo. Se as células beta forem destruídas – como no caso do diabetes tipo 1 –, a insulina natural precisa ser substituída por injeções diárias de insulina (que também pode ser reposta de outras maneiras). Se as células beta não produzem insulina suficiente – como no caso do diabetes tipo 2 –, elas podem ser estimuladas a produzir mais com o uso de medicamentos.

Imagine o que aconteceria sem a insulina: o nível de glicose na corrente sanguínea aumentaria cada vez mais, pois a glicose não é capaz de sair da circulação e penetrar nas células dos músculos e de gordura. Enquanto isso, o fígado continuaria a enviar glicose para a corrente sanguínea, pois não detecta a insulina. Enquanto os níveis de glicose no sangue vão às alturas, as células de gordura e dos músculos não recebem a sua fonte normal de combustível. Em consequência, o organismo começa a queimar gordura e proteína para usar como energia – é o que acontece com o diabetes tipo 1 não tratado.

Outros hormônios que afetam a glicose no sangue

Outros hormônios do organismo também podem afetar os níveis de glicose. Nos momentos de tensão, por exemplo, os hormônios do estresse, a adrenalina e o cortisol, promovem um rápido aumento dos níveis de glicose no sangue. É o meio que a natureza encontra para fornecer energia instantânea aos músculos – faz parte do reflexo "lutar ou fugir", que torna os humanos aptos a atacar um inimigo ou a fugir de uma ameaça em potencial.

Assim, as pessoas com diabetes que estão sob grande estresse físico ou emocional tendem a ter mais problemas para controlar os níveis de glicose no sangue.

O objetivo do tratamento do diabetes é manter o nível de glicose no sangue dentro de um nível aceitável. A boa notícia é que, se o diabetes estiver bem controlado, pode-se retardar ou evitar muitas complicações a longo prazo.

Até mesmo uma pequena infecção pode elevar os níveis de glicemia (taxa de glicose no sangue), pois o organismo aciona uma resposta física ao estresse, o que pode ocorrer mesmo se não estiver comendo.

Além dos hormônios do estresse e da insulina, existe outro hormônio que afeta a glicemia: o glucagon, produzido pelas células alfa no pâncreas. Quando o nível de glicose no sangue diminui, o glucagon é liberado. Por sua vez, isso faz o fígado converter o glucagon em glicose e liberá-lo na corrente sanguínea. A insulina e o glucagon trabalham juntos para garantir que o nível de glicose no sangue permaneça num nível que supra as necessidades do organismo.

Tipos de diabetes

Existem dois tipos principais de diabetes: o tipo 1 e o tipo 2. O diabetes tipo 1 ocorre quando as células beta que produzem a insulina são destruídas, interrompendo sua produção em geral totalmente. Por outro lado, o diabetes tipo 2 ocorre quando o corpo continua a produzir alguma insulina, mas não o suficiente para controlar devidamente a glicose no sangue. Em geral, o diabetes tipo 2 está associado à obesidade, que também torna as células de gordura menos aptas a detectar e responder à insulina – fato conhecido como resistência à insulina. Em consequência, algumas pessoas com diabetes tipo 2 costumam apresentar concentrações de insulina mais altas que o normal, pelo menos no início, pois precisam produzir cada vez mais insulina antes que as células sobrecarregadas de gordura comecem a reagir. Entretanto, assim que o pâncreas se torna exausto de tanto trabalhar, os níveis de insulina começam a diminuir. Descrevi os diabetes tipo 1 e tipo 2 com mais detalhes nas pp. 14-17. Além destes, outros tipos de diabetes são o diabetes gestacional e o diabetes tipo MODY – diabetes familiar com idade de diagnóstico precoce. Existe também uma síndrome conhecida como "pré-diabetes", que precede o diabetes tipo 2.

Diabetes gestacional Este tipo se desenvolve em algumas mulheres durante a gestação – geralmente por volta da 28ª semana – desaparecendo após o parto. É o único tipo de diabetes que não é permanente. No entanto, se tiver diabetes gestacional, há maior possibilidade de tê-la novamente numa futura gravidez, bem como de desenvolver o diabetes tipo 2 no futuro. O diabetes gestacional pode ser tratado com insulina ou com uma combinação de alimentação saudável e atividade física.

MODY - casos de diabetes familiar com idade de diagnóstico precoce É similar ao diabetes tipo 2 e costuma aparecer por volta dos 10 ou 20 anos. Responde por cerca de um a cada cem casos de diabetes, e resulta de uma falha genética na função do pâncreas. A produção insuficiente de insulina significa que, se não houver um controle cuidadoso, a glicemia no sangue fica cronicamente elevada. O tratamento para o MODY é o mesmo do diabetes tipo 2.

Pré-diabetes Muitas pessoas que irão desenvolver o diabetes tipo 2 passam primeiro por um estágio no qual os níveis de insulina ficam elevados e a capacidade de metabolizá-la fica reduzida. Isso é conhecido como síndrome metabólica ou síndrome de Reaven (nome do médico que a descreveu, em 1988). Você encontrará mais informações no quadro da p. 17. A síndrome metabólica afeta cerca de 16 por cento da população mundial – índice que continua aumentando.

Efeitos do diabetes a longo prazo

O objetivo do tratamento de diabetes é manter o nível de glicose no sangue num patamar aceitável — se a glicemia não for bem controlada por vários anos, o diabetes pode começar a prejudicar o organismo. O diabetes pode provocar problemas nos rins, olhos e nervos e acarretar distúrbios cardiovasculares (veja pp. 20-23). Esses efeitos a longo prazo podem afetar pessoas com diabetes tipo 1 ou tipo 2. A boa notícia é que, se a glicemia for bem controlada, muitas dessas complicações podem ser retardadas ou evitadas. Veja como conseguir um bom controle do diabetes ao longo deste livro.

Como o organismo saudável metaboliza a glicose

Ingere-se um lanche ou uma refeição com carboidratos.

↓

O nível de glicose no sangue se eleva.

↓

O pâncreas libera insulina, fazendo a glicose entrar nas células onde será usada para produzir energia.

↓

O nível de glicose no sangue diminui e o pâncreas para de liberar insulina.

↓

Os níveis reduzidos de insulina fazem o pâncreas liberar um hormônio chamado glucagon. Este converte o glicogênio do fígado em glicose, que é liberada no sangue para manter a glicemia estável.

diabetes tipo 1

Se você sofre desse tipo de diabetes, significa que há uma grande falta ou ausência de insulina no sangue. Isso ocorre quando a maioria, senão todas as células betaprodutoras de insulina (*veja p. 10*) do pâncreas foram destruídas. A destruição se dá quando o sistema imunológico trata as células beta como invasoras, e as ataca. Dessa forma, o diabetes tipo 1 é classificado com uma "doença autoimune". O diabetes tipo 1 afeta cerca de um em cada dez diabéticos, e tende a ser diagnosticado antes dos 40 anos, e mais comumente entre 10 e 15 anos.

Causas do diabetes tipo 1

A menos que haja uma razão clara e óbvia para o desenvolvimento do diabetes tipo 1 (a remoção do pâncreas devido a um acidente ou doença, por exemplo), é quase sempre impossível estabelecer a causa do seu aparecimento. Acredita-se nos seguintes fatores de risco:

Hereditariedade O diabetes tende a ocorrer numa mesma família, sugerindo o envolvimento de alguns genes. As chances de desenvolver diabetes ao longo da vida são as seguintes:

- **1 a 2 por cento se a mãe for portadora de diabetes tipo 1.**
- **3 a 5 por cento se o pai for portador de diabetes tipo 1.**
- **30 por cento se os dois pais forem portadores de diabetes tipo 1.**
- **30 a 50 por cento se o gêmeo idêntico for portador de diabetes tipo 1.**

É interessante notar que, mesmo se tiver um gêmeo idêntico com diabetes tipo 1, a disfunção não se desenvolve automaticamente. Ou seja, mesmo herdando determinados genes que possam predispor ao diabetes, há um outro fator que desencadeia a doença. Uma teoria comum é que esse fator possa ser uma infecção viral (veja abaixo). Também há uma relação entre a exposição prematura ao leite de vaca.

Infecções virais O diabetes tipo 1 é diagnosticado quase duas vezes mais durante o inverno do que no verão. Embora isso possa ser causado pelo aumento da necessidade de insulina durante o frio, quando o corpo precisa de mais glicose como energia para manter a temperatura, outra possibilidade é que seja devido a fatores ambientais, tais como a exposição às infecções de inverno. Os cientistas estão especialmente interessados num vírus denominado Coxsackie B4, que produz vários sintomas, que vão desde os de uma gripe fraca até febre e inflamação generalizada. Acredita-se que esse vírus possa infectar e destruir as células beta do pâncreas nas pessoas incapazes de produzir uma resposta imunológica rápida contra ele.

Exposição prematura ao leite de vaca Outra hipótese é que interromper a amamentação e alimentar o bebê com leite de vaca antes dos quatro meses de idade pode aumentar o risco do desenvolvimento de diabetes tipo 1 em crianças. A insulina humana tem uma estrutura muito similar à insulina bovina. Então é possível que o corpo possa produzir anticorpos contra a insulina bovina encontrada no leite de vaca, e que esses anticorpos também possam destruir a insulina humana durante o processo.

Um estudo mostrou que a amamentação exclusiva com leite materno até os cinco meses quase corta pela metade o risco de desenvolver diabetes tipo 1. Outros estudos não conseguiram estabelecer uma relação entre a introdução prematura do leite de vaca e o desenvolvimento subsequente do diabetes tipo 1; assim, esta hipótese continua controversa.

Quais são os sintomas?

Os sintomas do diabetes tipo 1 não tratado tendem a se desenvolver com extrema rapidez, principalmente nas crianças, e são os seguintes:

Produção excessiva de urina É um dos principais sintomas – na verdade, a palavra "diabetes" significa "urina em excesso". A poliúria, como é conhecida, ocorre porque o excesso de glicose no sangue é filtrado pelos rins e lançado na urina junto com água para mantê-la diluída. A produção de urina pode aumentar até cinco vezes além do normal.

Aumento da sede e da ingestão de água São dois outros sinais importantes do diabetes tipo 1 não tratado. Ocorrem devido à desidratação resultante da produção de urina em demasia. A sede excessiva é conhecida como polidipsia.

Perda de peso A pessoa acometida de diabetes tipo 1 sem tratamento pode perder até 1 kg de açúcar pela urina diariamente (o equivalente a 4.000 kcal em energia), o que pode levar à perda de peso repentina.

Aumento do apetite Devido à perda de tanto açúcar pela urina, a pessoa acometida de diabetes tipo 1 possivelmente sentirá muita fome e comerá mais que o normal.

Cansaço e perda de energia Como não consegue absorver glicose, você se priva de sua principal fonte de energia, o que provoca cansaço e letargia.

Visão embaçada O excesso de glicose no sangue afeta o formato das lentes dos olhos, levando à visão embaçada e à miopia temporária. Os sintomas desaparecem assim que a glicemia é controlada.

Infecções frequentes Altos níveis de glicose criam um ambiente favorável à proliferação de micro-organismos. Infecções recorrentes, como cistite (inflamação da bexiga), candidíase (sapinho) e abscessos ocorrem com mais frequência.

O que acontece se o diabetes tipo 1 não for tratado?

Se o diabetes não for tratado, a glicemia pode se tornar tão elevada, que acarreta o risco de uma doença fatal, denominada cetoacidose diabética. Como o organismo não consegue metabolizar a glicose em energia, começa a queimar gordura e proteína em seu lugar. Isso acarreta a produção de quantidades excessivas de dióxido de carbono, ácidos e substâncias denominadas cetonas. O acúmulo dessas substâncias tóxicas no sangue, se não detectado, por fim levará ao coma. Os sintomas da cetoacidose diabética são náusea, vômito, urina em excesso e dor abdominal. O hálito começa a ter cheiro de acetona, ou de essência de peras, resultante do acúmulo de cetonas no organismo, e a respiração se torna rápida e profunda, pois o organismo tenta se livrar do dióxido de carbono. A cetoacidose diabética é tratada com soro intravenoso e sais (para repor a perda na urina), além de insulina de ação lenta, que diminui o nível de glicose no sangue. Com frequência, a cetoacidose ocorre nas pessoas com diabetes tipo 1 não tratada e não diagnosticada. Também pode ocorrer nos diabéticos tipo 1 que desenvolveram uma infecção. As doenças e infecções elevam os níveis dos hormônios do estresse, que podem provocar um aumento rápido de glicose no sangue.

diabetes tipo 2

No diabetes tipo 2, o pâncreas continua a produzir insulina, mas não em quantidade suficiente para controlar a glicose no sangue corretamente. O diabetes tipo 2 é frequentemente associado à obesidade: as células sobrecarregadas de gordura perdem a sensibilidade à insulina (conhecida como resistência à insulina). No início o pâncreas responde produzindo cada vez mais insulina – mas a longo prazo produz menos que o normal. Em geral, o diabetes tipo 2 afeta as pessoas com sobrepeso e mais de 40 anos, embora às vezes ocorra mais cedo em crianças obesas.

Causas do diabetes tipo 2

Cerca de 230 milhões de pessoas no mundo sofrem de diabetes tipo 2, e esse número vem aumentando com rapidez. A razão disso é o número crescente de pessoas com sobrepeso, resultante da vida sedentária e de uma dieta alimentar errada. Com frequência, a combinação desses fatores de risco é a causa.

Obesidade e formato do corpo Quatro entre cinco pessoas com diabetes tipo 2 estão com sobrepeso. As pesquisas sugerem que manter um peso saudável pode reduzir o risco de desenvolver diabetes tipo 2 em 85 por cento dos casos.

O lugar do corpo onde a gordura se acumula também é importante. O maior fator de risco para o desenvolvimento de diabetes tipo 2 é a "obesidade central", na qual o excesso de gordura se deposita ao redor dos órgãos internos em vez de sob a pele. Simplificando, se seu corpo tiver o formato de maçã e o peso se concentrar ao redor da cintura, terá mais chances de desenvolver diabetes tipo 2 do que se tiver formato de pera, quando o peso se concentra ao redor do quadril e das coxas.

Genes e etnia Se tiver um gêmeo idêntico com diabetes tipo 2, há 90 por cento de chance do outro também vir a desenvolvê-la. Entretanto, os genes não são os únicos responsáveis – é preciso também um fator adicional, como a obesidade.

As pessoas originárias do sul da Ásia, da África ou do Caribe têm no mínimo cinco vezes mais chances de desenvolver diabetes tipo 2 do que as de origem caucasiana.

Sedentarismo Os sedentários têm quase cinco vezes mais chances de ter diabetes tipo 2 do que as pessoas que praticam exercícios regularmente.

Baixo peso ao nascer Bebês que nascem com peso inferior a 2,5 kg apresentam quase sete vezes mais chance de desenvolver diabetes tipo 2 aos 65 anos do que os que nascem com mais de 4,3 kg.

Coma hiperglicêmico

Nos portadores de diabetes tipo 2 não tratado, o nível de glicose no sangue pode ficar extremamente alto, levando a uma desidratação severa e até mesmo ao coma, denominado coma hiperglicêmico. Como alguma insulina ainda está sendo produzida, é diferente do coma que ocorre devido à cetoacidose diabética nos portadores de diabetes tipo 1 (*veja p. 15*), mas continua sendo uma emergência médica. O coma hiperglicêmico pode ser desencadeado por uma infecção, como efeito colateral de medicamentos diuréticos, ou pelo consumo exagerado de líquidos ricos em glicose, ao tentar aplacar a sede. O tratamento envolve reposição intravenosa de líquidos e sais, além de uma dose baixa de insulina para baixar os níveis de glicose no sangue lentamente.

Medicamentos prescritos O uso de alguns medicamentos prescritos, como corticoesteroides, pode levar ao diabetes.

Disfunções hormonais Algumas disfunções hormonais, como o hipertiroidismo e a síndrome de Cushing, podem aumentar o risco de desenvolver diabetes tipo 2.

Quais são os sintomas?

Os sintomas que se desenvolvem mais lentamente, em geral são menos severos e menos específicos que os do diabetes tipo 1 (*veja pp. 14-15*). Talvez se sinta mais cansado do que o normal ou precise urinar durante a noite. Algumas pessoas não apresentam sintomas. Assim, em geral, o diabetes tipo 2 é diagnosticado durante exames de rotina.

Síndrome metabólica

Antes do desenvolvimento do diabetes tipo 2, muitos apresentam a síndrome metabólica ou "pré-diabetes". É o estágio no qual as células de gordura e dos músculos se tornam resistentes à ação da insulina. Ou seja, para que a glicose consiga penetrar nas células de gordura e dos músculos, o pâncreas precisa produzir mais insulina que o normal. Nesse ponto, a perda de peso e os exercícios físicos podem retardar ou evitar o desenvolvimento do diabetes tipo 2. Se tais medidas não forem tomadas, há 80 por cento de chance de o diabetes tipo 2 se instalar. A síndrome metabólica está associada a obesidade central (ter uma cintura grande), hipertensão, níveis insalubres de gordura no sangue e risco aumentado de coágulos sanguíneos anormais, doença arterial coronariana e derrame. Se a cintura medir mais de 94 cm em homens brancos ou negros, mais de 90 cm em sul-asiáticos ou chineses, ou mais de 80 cm nas mulheres, é preciso verificar a pressão arterial e os níveis de gordura no sangue.

Resistência à insulina no diabetes tipo 2

A insulina permite que a glicose entre em células saudáveis e seja queimada como combustível. Isso acontece pela ligação com os numerosos locais de recepção nas paredes celulares. Quando se tem diabetes tipo 2, as células possuem um número pequeno de receptores de insulina, e esta não consegue se ligar a eles, o que é conhecido como resistência à insulina.

Célula saudável

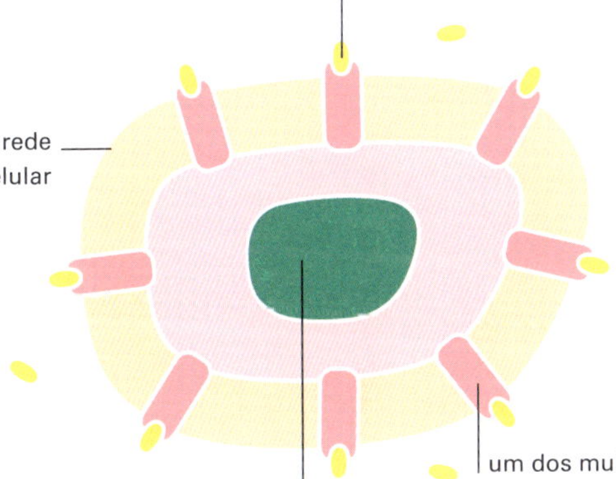

Célula resistente à insulina

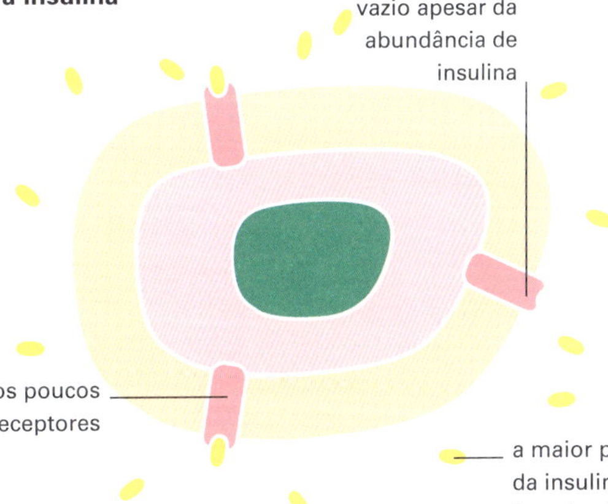

diagnóstico e controle do diabetes

Se for portador de diabetes tipo 1, os sintomas costumam ser tão sérios que o médico logo suspeitará de diabetes. E os exames de sangue simplesmente confirmarão o diagnóstico presumido. Os casos de diabetes tipo 2 são menos evidentes, pois os sintomas podem ser vagos. Os exames descritos no quadro da página ao lado são utilizados para o diagnóstico de diabetes – o médico pode precisar de mais de um para chegar a um diagnóstico conclusivo.

Assim que for diagnosticado, o médico pedirá outros exames para avaliar sua saúde geral; a partir de então, você e seu médico vão precisar monitorar regularmente a glicemia.

Exames após o diagnóstico

Sendo o diabetes associado a danos em várias partes do organismo, como coração, olhos, nervos e rins, é preciso fazer vários exames para avaliar a saúde após receber o diagnóstico. Esses exames deverão ser repetidos a intervalos regulares durante toda a vida.

- O fundo dos olhos deve ser examinado para detectar sinais de danos que poderiam provocar deficiência visual.
- Exame de sangue para avaliar a função renal e verificar se os níveis de gordura no sangue estão elevados (fator de risco de problemas cardiovasculares).
- A pressão arterial deve ser medida para detectar o risco de problemas cardiovasculares.
- A circulação e os nervos dos pés são examinados.
- É feito um exame de urina para verificar a presença de proteína (sinal de problemas renais).
- Os homens são indagados sobre dificuldade de ereção (sintoma de problemas cardiovasculares).

Monitoramento da glicose no sangue

Quando se sofre de diabetes, é importante monitorar a glicemia regularmente: duas a quatro vezes ao dia, ou mais. Tradicionalmente, faz-se uma punção na ponta do dedo para retirar uma gota de sangue, e coloca-se sobre uma fita de teste, que é inserida no glicosímetro. Há uma nova tecnologia que permite medir o nível de glicose com um aparelho semelhante a um relógio de pulso – que utiliza uma corrente elétrica baixa para puxar a glicose através da pele; assim, os níveis podem ser calculados com bastante frequência, até a cada dez minutos.

Se o monitoramento da taxa de glicemia mostrar que os níveis ficam sempre entre 4 a 7 mmol/l (72 a 126 mg/dl), você tem um controle rígido do diabetes. Se os níveis de glicose no sangue se apresentarem sempre muito altos ou muito baixos, o médico o aconselhará a aumentar ou diminuir o consumo de

Níveis ideais de glicose no sangue

Os níveis ideais de glicose no sangue sugeridos para os diabéticos são: 4 a 7 mmol/l (72 a 126 mg/dl) antes das refeições; e menos que 9 mmol/l (162 mg/dl), 1 1/2 a 2 horas após as refeições.

alimentos e/ou medicação. É importante manter um bom controle sobre o diabetes a fim de reduzir o risco das complicações a longo prazo.

Além do exame de glicemia feito em casa, existem dois outros modos de avaliar como está o controle do diabetes. Um deles é HbA1c, um exame de sangue pedido pelo médico que permite que se saiba qual o nível de controle da glicemia durante as últimas 6 a 12 semanas. O outro é um exame de sangue para medir o nível de uma substância chamada frutosamina, que fornece um quadro do controle da glicemia das duas a quatro semanas anteriores – informação útil na avaliação dos efeitos de quaisquer mudanças que o médico fez no tratamento do diabetes.

Exames usados para o diagnóstico de diabetes

exame	resultado
exame de urina O médico insere uma fita numa amostra de urina para verificar a presença de glicose. No caso de diabéticos, a glicose se acumula no sangue e, ao atingir um "limiar renal" – em geral, cerca de 10 mmol/l (180 mg/dl) –, é filtrada pelos rins e excretada na urina. Embora o exame de urina seja uma ferramenta útil no rastreio, não é exato o suficiente para determinar o diabetes. Por exemplo, a ausência de glicose na urina pode apenas indicar um limiar renal mais alto.	Se houver presença de glicose na urina, o médico solicitará exames de sangue para confirmar ou não o diagnóstico de diabetes.
exame aleatório de glicemia É medida a glicemia numa amostra de sangue. É feito o exame aleatório, o que significa que não é preciso estar em jejum.	Se apresentar os sintomas clássicos de diabetes, como sede e urina em excesso, além de um nível de glicemia aleatório maior ou igual a 11,1 mmol/l (199,8 mg/dl), o diagnóstico é de diabetes. Caso contrário, outros exames de sangue podem ser solicitados.
exame de glicemia em jejum A glicemia é medida numa amostra de sangue após jejum de oito horas, quando não se consome nada além de água. Isso assegura que a glicemia não seja afetada por qualquer coisa que tenha sido ingerida.	Se o nível de glicemia em jejum for maior ou igual a 7,0 mmol/l (126 mg/dl), tem-se o diagnóstico de diabetes. Se o resultado do exame de glicemia em jejum for limítrofe, será solicitado o exame de curva glicêmica.
curva glicêmica Em geral, o exame de curva glicêmica é feito pela manhã, após jejum de 8 a 14 horas. Primeiro, tira-se uma amostra de sangue, e a glicemia é medida. Depois, o paciente ingere uma solução contendo glicose. Recomenda-se não fazer atividade física e não fumar. Duas horas depois, tira-se uma segunda amostra de sangue.	O diabetes é diagnosticado se duas horas após ingerir a solução glicosada o nível glicêmico for maior ou igual a 11,1 mmol/l (199,8 mg/dl). Se após as duas horas, o nível glicêmico estiver entre 7,8 e 11,1 mmol/l, você tem baixa tolerância à glicose e apresenta maior risco de desenvolver diabetes no futuro.

complicações do diabetes

Se o diabetes não for bem controlado, pode levar a complicações a longo prazo que potencialmente reduzem a qualidade e abreviam o seu tempo de vida. Os portadores de diabetes tipo 2 também são propensos à depressão, pois a resistência à insulina acarreta uma produção menor de serotonina (neurotransmissor que ajuda a regular o humor). Portanto, um bom controle da glicemia a longo prazo é vital para proteger a saúde física e emocional. Mesmo se apresentar algumas das complicações do diabetes, nunca é tarde para melhorar a saúde, com uma alimentação adequada, atividade física frequente e perda de peso ou o corte do cigarro, se necessário. Explico em detalhes como melhorar a dieta e o estilo de vida na Parte 2.

Danos aos olhos

Se o nível glicêmico ficar alto por muitos anos, os pequenos vasos sanguíneos da retina no fundo dos olhos podem começar a mostrar sinais de danos (níveis de glicemia elevados podem causar danos aos pequenos e grandes vasos sanguíneos do corpo todo, não apenas dos olhos). O dano ocorre lentamente, sendo conhecido como retinopatia diabética. No início, os pequenos vasos sanguíneos na retina engrossam e vazam sangue nos tecidos próximos. Mais tarde, novos vasos sanguíneos começam a crescer – também frágeis e que vazam e, com o tempo, podem reduzir a visão e levar à cegueira. A proliferação de novos vasos sanguíneos também eleva a pressão dentro dos olhos, aumentando o risco de glaucoma (dano ao nervo ótico que pode levar à cegueira).

Outro tipo de dano aos olhos que pode atingir os diabéticos afeta os nervos que controlam os movimentos dos olhos – reduzindo sua mobilidade. Todos os diabéticos devem examinar os olhos com regularidade, para que qualquer problema possa ser diagnosticado e tratado o mais rápido possível. O tratamento para os problemas de visão varia dependendo da gravidade. Tanto o tratamento com laser quanto a cirurgia podem ajudar.

Danos renais

Os minúsculos vasos sanguíneos dentro dos rins podem ser prejudicados a longo prazo pelo controle inadequado do diabetes. No início, este dano pode ser pequeno, mas ao se tornar mais severo, os rins começam a inflamar e a perder proteína pela urina.

O dano renal, conhecido como nefropatia diabética, pode se desenvolver no período de 2 anos com diabetes, e atinge um quarto das pessoas com diabetes tipo 2 no período de 10 anos após o diagnóstico. É provável que não apresente sintomas nos estágios iniciais da nefropatia. No entanto, ao começar a perder muita proteína pela urina, pode haver inchaço nos calcanhares ou nas pernas, fadiga, náusea e falta de ar. Esses sintomas pioram na medida em que os rins perdem a eficiência. Se a nefropatia avançar até o ponto de os rins começarem a falhar (conhecido como estágio final da insuficiência renal), você precisará de diálise, na qual o sangue é filtrado artificialmente. Para detectar os problemas renais no início, é importante fazer exames de urina regularmente para averiguar a presença de proteína.

Além da nefropatia, os rins também são prejudicados pelas infecções recorrentes do trato urinário. Se não for feito um rígido controle da glicemia, o alto nível de glicose na urina pode fornecer um ambiente ideal para a proliferação de bactérias. Se as infecções da bexiga se espalharem para os rins, podem provocar cicatriz renal. Assim como na nefropatia, isso pode levar a um declínio da função renal.

Dano aos nervos

O nível de glicemia constantemente elevado aos poucos provoca dano aos nervos, que começam a transmitir sinais com menos eficiência, fenômeno conhecido como neuropatia diabética. Os sintomas são a sensação de queimação ou formigamento, e sensibilidade reduzida à vibração, dor e temperatura – especialmente nos pés. A neuropatia também causa fraqueza ou debilidade muscular e contribui para problemas de ereção nos homens.

Se os nervos que ajudam a controlar os batimentos cardíacos, a temperatura e a digestão forem afetados pela neuropatia, pode haver problemas nessas áreas.

Em geral, a neuropatia é permanente; os sintomas são tratados conforme aparecem. Para os problemas de ereção será oferecido um tratamento para ajudar a função erétil.

Como o diabetes afeta os pés

O diabetes pode prejudicar tanto os nervos quanto os vasos sanguíneos dos pés. Se os nervos forem prejudicados, pode haver sensações de ardor, queimação ou agulhadas e, com seu progresso, perda da sensibilidade. Os danos aos vasos sanguíneos podem tornar o pé frio, pálido e com cicatrização difícil.

Cuidado com os pés

Nos diabéticos, os pés podem se tornar vulneráveis aos problemas causados por danos aos nervos e aos vasos sanguíneos. A sensibilidade reduzida nos pés impede que se percebam pequenos machucados, como bolhas e calosidades, e como os pés não recebem um suprimento saudável de sangue, esses machucados se recuperam lentamente, levando a problemas adicionais – as úlceras nos pés são uma das principais causas da internação de diabéticos em hospitais. Com o tempo, os ossos dos pés também podem se deformar. O cuidado regular com os pés é vital para detectar os problemas no início:

- Examine os pés diariamente, procurando sinais de vermelhidão, bolhas, cortes, calos ou pé de atleta.
- Trate os pequenos machucados prontamente e procure orientação médica, se necessário.
- Hidrate os pés diariamente.
- Use sapatos confortáveis, que deem suporte para todo o pé.
- Corte as unhas cuidadosamente – procure um podólogo se tiver dificuldades.

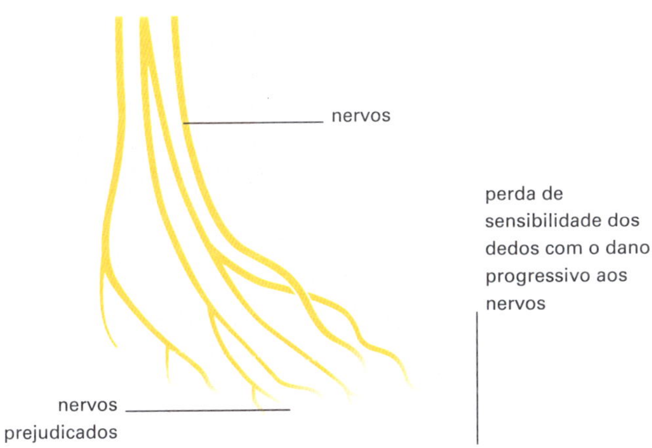

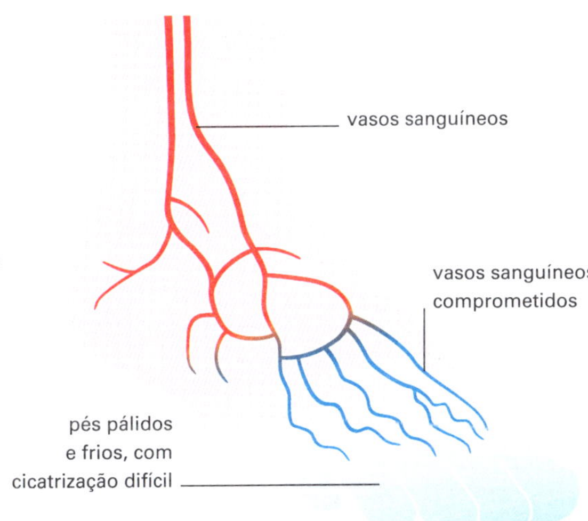

Diabéticos têm de duas a seis vezes mais chances de desenvolver doença arterial coronariana do que os não diabéticos. Por isso é importante fazer exames cardiovasculares regularmente.

Doenças cardiovasculares

Se o nível de glicemia ficar elevado por um longo período, a glicose atacará as paredes dos vasos sanguíneos, acelerando o endurecimento e o espessamento das artérias (doença conhecida como aterosclerose). Em geral, isso se dá em conjunto com a pressão arterial elevada e níveis aumentados de gorduras não saudáveis e colesterol no sangue. Todas essas alterações elevam muito o risco da doença arterial coronariana (DAC). Os diabéticos têm de duas a seis vezes mais chances de desenvolver a DAC do que os não portadores. É por isso que os exames cardiovasculares regulares são muito importantes para os diabéticos. O estreitamento das artérias também restringe o fluxo de sangue para as outras partes do organismo além do coração: o baixo fluxo sanguíneo para os braços e pernas pode dificultar a atividade física (em casos graves, pode provocar dor nas pernas quando se está sentado). Isso é conhecido como doença vascular periférica. O fluxo sanguíneo inadequado para o cérebro pode levar ao derrame, no qual as células do cérebro morrem ou são danificadas pela falta de oxigênio.

Se tiver DAC, o fluxo de sangue para o coração via artérias coronárias está prejudicado, podendo resultar em qualquer dos seguintes sintomas: angina, infarto ou insuficiência cardíaca. A DAC é tratada com medicamentos ou cirurgia.

Angina Significa dor no peito, que geralmente é causada pelo esforço físico e que desaparece com o repouso. Isso acontece porque a atividade física aumenta a necessidade de sangue no organismo, e as artérias coronárias obstruídas não conseguem mais suprir essa necessidade com eficiência. Em consequência, o músculo cardíaco fica sem oxigênio, e sente-se uma dor parecida com uma câimbra. A dor pode começar no centro do peito e depois irradiar para a garganta e para os braços – geralmente o braço esquerdo.

Infarto Ocorre quando um coágulo de sangue bloqueia o fluxo sanguíneo do músculo cardíaco. Os coágulos se formam em geral na parte obstruída da artéria coronária,

Artéria saudável

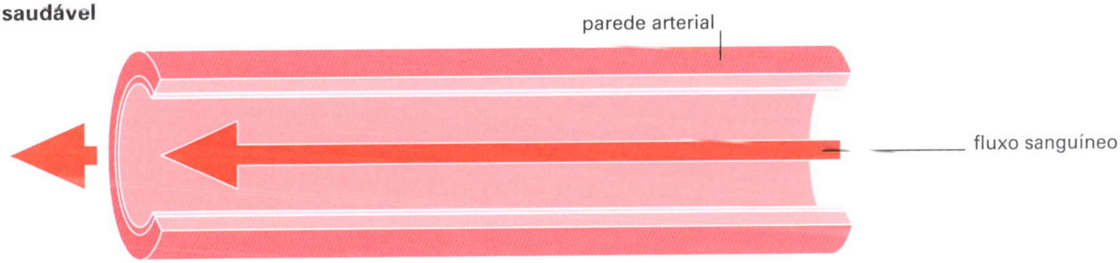

Artéria afetada pela aterosclerose e coágulos

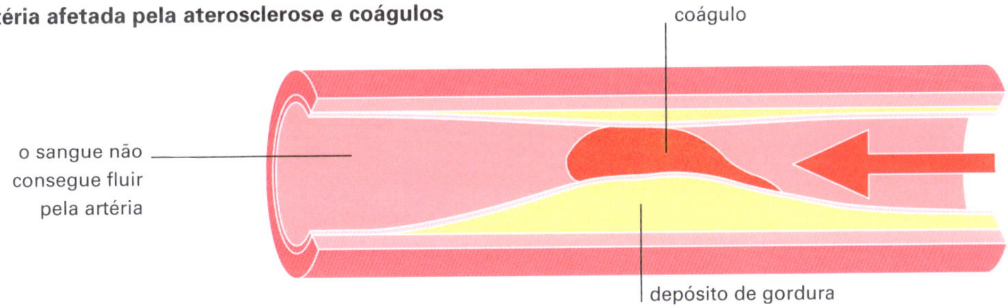

Artérias obstruídas – uma complicação do diabetes
As artérias podem, depois de muito tempo, ficar obstruídas e mais estreitas devido aos depósitos de gordura, facilitando a formação de coágulos sanguíneos. Se um coágulo obstruir uma artéria coronária, haverá um infarto.

quando a superfície de um depósito de gordura endurece ou se rompe. Então as células do sangue denominadas plaquetas aderem à área endurecida ou rompida formando um coágulo de sangue. Os sintomas de infarto são falta de ar, dor intensa no peito, suor, náusea e vômitos.

Insuficiência cardíaca O coração não falha completamente, mas a capacidade de bombear o sangue para o organismo vai aos poucos se tornando menos eficiente. Isso ocorre por receber um fluxo de sangue reduzido por um longo período de tempo. Os fluidos vão gradualmente se acumulando nos pulmões e nos tecidos do organismo, causando falta de ar, perda de apetite, náusea, inchaço e fadiga.

Exames cardiovasculares

Um controle rígido da pressão arterial e dos níveis de colesterol é quase tão importante quanto o controle rígido dos níveis de glicose na prevenção das complicações do diabetes. Essa combinação de hipertensão e níveis elevados de gordura e de glicose no sangue prejudica a circulação. A pressão arterial e os níveis de gordura no sangue devem ser medidos com regularidade. Estas são as metas:

- Pressão arterial: 130/80 mmHg ou mais baixa (se houver sinais de insuficiência renal, a pressão arterial ideal é de 125/75 mmHg ou mais baixa, para reduzir a progressão dos danos aos rins).
- Colesterol LDL "ruim": menos que 2,6 mmol/l (100 mg/dl).
- Colesterol HDL "bom": mais que 1,1 mmol/l (45 mg/dl) para os homens; mais que 1,4 mmol/l (55 mg/dl) para as mulheres.
- Triglicérides: menos que 2,3 mmol/l (200 mg/dl).

tratamento

Se tiver diabetes tipo 1, o tratamento consiste em uma combinação de reeducação alimentar, exercícios e terapia de reposição de insulina. Se tiver diabetes tipo 2, o tratamento consistirá em reeducação alimentar e exercícios em primeiro lugar; se esse conjunto de medidas não surtir efeito, o médico prescreverá um ou mais medicamentos. Depois, se a medicação não bastar para controlar o nível de glicemia, o médico prescreverá a terapia de reposição de insulina. Alguns fatos sugerem que tomar medicamentos ou insulina desde que diagnosticado o diabetes tipo 2 pode ser um meio mais efetivo de prevenir as complicações a longo prazo (*veja pp. 20-23*) do que confiar apenas na dieta e nos exercícios. No entanto, recomendo que consulte o médico sobre as melhores opções para você.

Terapia de reposição de insulina

A terapia de reposição de insulina oferece ao organismo uma fonte externa do hormônio, que é essencial ao controle da glicemia. Ao contrário da maioria dos outros medicamentos, a insulina não pode ser ingerida por via oral, pois é metabolizada e neutralizada pelos sucos gástricos antes de ser absorvida na circulação. Assim, deve ser administrada sob a pele. Algumas pessoas a injetam usando uma seringa de insulina com agulha. Outros usam um aparelho de aplicação no formato de caneta, que consiste em uma carga de insulina, um êmbolo e uma agulha. Alguns aparelhos são descartáveis; outros podem ser reutilizados. Para usá-lo, basta girar o mostrador, selecionar a dose de insulina desejada e pressionar o êmbolo para administrar a dose.

A insulina pode ser injetada em várias partes do corpo: logo abaixo da pele da parte externa superior dos braços, nas nádegas, na parte inferior ou superior do abdome, e externa das coxas. A absorção tende a ser mais rápida a partir do abdome e mais lenta a partir das nádegas e coxas. Devido à possibilidade de depósitos de gordura se acumularem em volta dos locais das aplicações, é importante variar as regiões regularmente.

Se quiser evitar as injeções, outro método de aplicar insulina é com o injetor a jato, que administra um jato fino de insulina através da pele usando ar comprimido em vez de agulha (sendo então relativamente indolor). Ou pode-se usar uma bomba de insulina externa do tamanho de um baralho, que injeta insulina continuamente por uma agulha inserida sob a pele perto do abdome. Doses adicionais são administradas pela agulha durante as refeições.

Novos sistemas de administração, como *sprays* nasais, adesivos, bombas de insulina implantáveis e implantes de células das ilhotas pancreáticas estão em desenvolvimento. O objetivo é tornar a administração de insulina indolor e imitar com precisão a secreção de insulina de um pâncreas saudável.

Tipos de insulina

O médico prescreverá um dos quatro tipos de insulina. A principal diferença entre os tipos é a o tempo de ação na glicose após a aplicação. Tradicionalmente, a insulina de média ou longa ação é injetada uma ou duas vezes ao dia. Entretanto, o médico pode recomendar um tratamento mais intensivo, que envolva múltiplas injeções de insulina – nesse caso, também serão prescritas insulinas de ação lenta ou rápida.

Insulina de ação rápida Começa a baixar os níveis de glicose cerca de 15 minutos após a aplicação e pode ser injetada até 15 minutos antes ou após a refeição.

O que é hipoglicemia?

O tratamento com insulina é muito eficiente na diminuição do nível de glicose no sangue, mas algumas vezes pode fazer o nível chegar a um patamar muito baixo, insalubre. Chamamos a isso de hipoglicemia. Embora seja mais comum nas pessoas que fazem terapia de reposição de insulina, também pode ocorrer quando da ingestão de certos medicamentos para o diabetes tipo 2.

A hipoglicemia ocorre quando o nível de glicose cai para menos que 2,5 mmol/l (45 mg/dl). O nível de glicose não deve ficar abaixo de 4 mmol/l (72 mg/dl). Os sinais e os sintomas de hipoglicemia são: fome, sensação de cabeça leve ou tontura, palidez, suor, palpitações, visão dupla, tremores, dificuldades de fala, náusea, dor de cabeça, irritabilidade, fraqueza, falta de coordenação motora, sonolência ou confusão. Também pode haver perda de consciência.

Se correr o risco de hipoglicemia, leve sempre comprimidos de glicose com você, e avise a seus amigos, colegas e/ou professores que devem lhe oferecer açúcar e procurar orientações médicas se você tiver um comportamento estranho ou desmaiar. Se dirigir, tenha sempre um suprimento de açúcar, como comprimidos de glicose, no carro. Verifique o nível de glicemia antes de dirigir e, nas viagens longas, a cada duas horas.

Se precisar auxiliar alguém que perdeu a consciência, espalhe geleia nas gengivas e na parte de dentro dos lábios para ajudar enquanto espera o atendimento médico. O tratamento médico consiste em uma injeção de glucagon, que eleva rapidamente o nível de glicemia, ou de dextrose por via intravenosa.

Como tratar a hipoglicemia

Se tiver um nível de glicemia de menos de 4 mmol/l (72 mg/dl), não espere os sintomas aparecerem ou piorarem. Trate logo da hipoglicemia.

Ingira alimentos com carboidrato de ação rápida, como uma laranjada ou limonada com açúcar, um refrigerante normal (não diet ou light) ou tome um pouco de água com duas a quatro colheres (chá) de açúcar.

Assim que o nível de glicose se elevar, ingira um carboidrato de ação lenta para mantê-lo estável. Pode ser um pedaço de pão, alguns biscoitos ou um prato de cereal.

Entretanto, para evitar uma hipoglicemia (*veja o quadro do outro lado*), deve-se comer 15 minutos antes da administração. O pico do efeito desse tipo de insulina ocorre 45 a 90 minutos após a injeção, e a ação redutora de glicose cessa após um período de três a quatro horas.

Insulina de ação rápida Também é conhecida como insulina solúvel. Começa a diminuir os níveis de glicemia 30 a 60 minutos após a aplicação. O pico do efeito se dá no período de duas a quatro horas, prolongando-se por até oito horas.

Insulina de ação intermediária Começa a diminuir os níveis de glicose uma a duas horas após a aplicação, tendo seu efeito máximo 4-14 horas depois, embora continue a agir nos níveis de glicose por 16-35 horas. Algumas insulinas de ação intermediária são administradas duas vezes ao dia, combinadas com uma insulina de ação rápida, enquanto outras são administradas apenas uma vez ao dia.

Insulina de ação prolongada A insulina de ação prolongada é um tipo de insulina relativamente novo. Diferente dos outros tipos, é liberada lenta e vagarosamente na circulação, sem picos altos ou baixos pronunciados. Devido a isso, reduz o risco de hipoglicemia (*veja quadro na p. 25*). A insulina de ação prolongada começa a fazer efeito cerca de uma hora e meia após a aplicação de uma única dose diária (em geral, na hora de dormir) e continua a agir pelas próximas 24 horas.

Comprimidos para diabetes tipo 2

Os seguintes medicamentos podem ser prescritos para ajudar a controlar a glicose no sangue se for portador de diabetes tipo 2. Pode ser necessário um medicamento, ou a combinação de dois ou três. Se nenhum dos medicamentos seguintes ajudar a melhorar o controle do nível de glicemia, o médico pode adicionar a insulina ao seu tratamento. Nesse caso, o tratamento ou com metformina ou com uma sulfonilureia também é recomendado com frequência.

Tratamento adicional com medicamentos para diabéticos

medicamento	observações
Orlistat (xenical)	É um medicamento para tratar a obesidade, que bloqueia a ação de uma enzima digestiva para que cerca de 30 por cento da gordura ingerida passe pelo corpo sem ser absorvida. O xenical é prescrito nos casos graves de obesidade, quando o emagrecimento pode ajudar a controlar o nível de glicemia.
Inibidores da ECA	São indicados no tratamento da hipertensão (uma complicação do diabetes muito comum nos portadores de diabetes tipo 2). As drogas funcionam dilatando os vasos sanguíneos. Os fatos apontam que os inibidores da ECA podem ajudar a prevenir a doença renal diabética (*veja p. 20*).
Tiazídicos	São utilizados no tratamento da hipertensão. As drogas aumentam a quantidade de fluido excretado pelos rins.
Estatinas	São usadas para reduzir os altos níveis de gorduras no sangue (*veja p. 22*), que é uma complicação do diabetes, sendo comum nos portadores de diabetes tipo 2.
Aspirina	Pode ser prescrita para ajudar a reduzir o risco de desenvolvimento de coágulos sanguíneos (coágulos de sangue e outros problemas cardiovasculares constituem uma complicação do diabetes).

Metformina A metformina reduz a resistência à insulina e melhora a absorção de glicose pelas células musculares. Também reduz a produção de glicose pelo fígado e diminui a absorção da glicose fornecida pela alimentaçao. É ideal para os portadores do diabetes tipo 2 obesos, pois não promove o aumento de peso. Se a metformina não auxiliar na melhoria do controle da glicemia, o médico pode prescrever outro medicamento que estimule a secreção de insulina, como a sulfonilureia. Recomenda-se tomar suplemento de ácido fólico ao usar a metformina, pois o medicamento pode reduzir a absorção dessa vitamina.

A metformina não eleva os níveis de insulina e não diminui os níveis de glicose a ponto de causar hipoglicemia (*veja p. 25*). A metformina não deve ser prescrita quando há problemas renais.

Sulfonilureias Este grupo de medicamentos, que inclui a glibenclamida, a gliburida, a glicazida, a glimepirida, a glipizida e a gliquidona, age estimulando a secreção de insulina pelas células beta do pâncreas (*veja p. 10*). Alguns medicamentos também aumentam a atividade da insulina. As sulfonilureias podem estimular o aumento de peso, portanto são mais adequadas às pessoas sem sobrepeso. Caso tome sulfonilureias, deve saber que corre o risco de hipoglicemia (*veja p. 25*) se não se alimentar de modo sincronizado com a medicação.

Reguladores de glicose na hora das refeições (glicose prandia) Da mesma forma que as sulfonilureias, estes medicamentos (repaglinida e nateglinida, por exemplo) estimulam a liberação de insulina das células beta do pâncreas. Devem ser ingeridos pouco antes das refeições principais para aumentar a secreção de insulina quando necessário. Devido à sua ação rápida, apresentam menor probabilidade de provocar hipoglicemia do que as sulfonilureias. Podem ser de valia se sua rotina é irregular, sem horários fixos para as refeições.

Use um aviso de alerta
É uma boa ideia usar um relógio, bracelete ou corrente avisando ser diabético – se for encontrado inconsciente ou confuso (devido à hipoglicemia ou a uma profunda hiperglicemia), os médicos serão alertados da provável causa dos sintomas.

Glitazonas Se experimentou a metformina junto com um medicamento à base de sulfonilureia, e esse tratamento produziu efeitos colaterais ou não controlou o nível de glicemia adequadamente, o médico pode prescrever a glitazona (como a pioglitazona ou a rosiglitazona) junto com, ou em lugar de, um dos medicamentos. Em geral, as glitazonas são prescritas combinadas com metformina ou sulfonilureias. Elas agem promovendo a ação da insulina natural que ainda é produzida pelo pâncreas. Também fazem o fígado reduzir a produção de nova glicose.

Não tome glitazona se estiver recebendo tratamento com insulina, ou se apresentar histórico de doença hepática, ataque cardíaco ou insuficiência renal grave. Durante o primeiro ano de tratamento com glitazonas, a função hepática deve ser monitorada a cada oito semanas.

Acarbose A acarbose é ingerida junto com as refeições para reduzir a absorção de glicose pelos intestinos. Age bloqueando a ação de uma enzima digestiva que metaboliza os carboidratos complexos em açúcares simples, para absorção. Em geral, a acarbose é empregada em caso de intolerância a quaisquer dos medicamentos acima. Se tomar acarbose combinada a sulfonilureia, recomenda-se que tenha à mão comprimidos de dextrose em vez dos de glicose, no caso de uma hipoglicemia. A absorção da sacarose é reduzida graças à ação da acarbose. Os principais efeitos colaterais da acarbose são flatulência e diarreia – consulte o médico se for o caso.

2

Abordagem natural da saúde Nesta parte apresento **abordagens complementares** que podem ajudar a controlar o diabetes. São elas: fitoterapia, medicina aiurvédica, naturopatia, homeopatia, terapia magnética, reflexologia, ioga e acupuntura. Algumas abordagens, como a ioga, agem **combatendo o estresse** (os hormônios do estresse fazem o nível de glicemia se elevar). Outras terapias, como a acupressão, a acupuntura, a reflexologia e a homeopatia **estimulam a capacidade natural de cura do próprio organismo**. Em contraste, os fitoterápicos utilizam extratos de plantas que apresentam efeitos fisiológicos no organismo, modificando sua função de modo similar aos medicamentos convencionais. Assim como nas abordagens complementares, explico **as abordagens nutricionais e de mudanças no estilo de vida dos diabéticos** e, em especial, a importância da dieta de baixo índice glicêmico no controle do nível de glicose. Se sofrer de síndrome metabólica (*veja p. 17*) ou de diabetes tipo 2, que podem ser controlados apenas com dieta, as abordagens naturais têm a capacidade de manter o nível glicêmico dentro de um patamar saudável. Ou seja, poderá evitar ou retardar a necessidade de medicação. Por outro lado, se já toma medicamentos para tratar o diabetes, as abordagens desta parte podem ajudá-lo a se **sentir mais saudável** e a **melhorar o controle da glicemia**.

métodos complementares do tratamento

A abordagem holística no tratamento do diabetes inclui várias terapias complementares que são usadas em conjunto com as medicações apropriadas. As terapias das páginas seguintes são as que sinto terem tido melhores resultados em diabéticos. Elas ajudarão a controlar melhor o nível de glicose, que, por sua vez, ajudará a reduzir o risco de complicações a longo prazo.

Embora algumas das seguintes terapias possam ser praticadas em casa, muitas são conduzidas por terapeutas, como a acupuntura ou a reflexologia, ou seja, será preciso encontrar um terapeuta. Em alguns casos, poderá aprender com o terapeuta, ou professor, e depois continuar a praticar as técnicas curativas em casa; por exemplo, a naturopatia, a fitoterapia, a acupressão, a ioga e o chi kung. Encare as terapias complementares como uma forma de reforçar o tratamento recomendado pelo médico. Se toma medicamentos para controlar o nível de glicose, utilize-os associados à terapia que quiser.

O controle do diabetes

Antes de fazer mudanças na dieta normal, aumentar a atividade física e experimentar as terapias complementares, é vital que esteja confiante no controle do diabetes. Verificando os níveis de glicemia regularmente, você saberá como alterar a medicação dependendo dos resultados. Quaisquer mudanças que tenham um efeito benéfico no controle da glicose reduzirão a quantidade de medicação necessária, e você precisará ajustar a medicação de acordo. Do contrário, se continuar com a dose habitual, poderá desenvolver hipoglicemia. Se não souber como ajustar a medicação, consulte um médico que possa tanto aconselhar quanto avaliar a melhora em sua saúde.

Consulte um terapeuta

Ao procurar um terapeuta complementar, meu conselho é pesquisar na associação da terapia em que está interessado. Encontre um terapeuta credenciado na sua região. Isso indica que ele é devidamente qualificado e segue um código de conduta. Há indicações de sociedades e associações nas pp. 174 e 175.

Ao visitar um terapeuta pela primeira vez, pergunte sobre o seu histórico, qualificações, experiência – e êxitos – no tratamento de diabéticos. Antes de marcar uma consulta definitiva, procure saber a duração e custo estimado do tratamento.

Antes de iniciar o tratamento, não esqueça de dizer ao terapeuta que é diabético. Mencione os suplementos ou medicamentos que estiver tomando e pergunte sobre o possível efeito da terapia complementar em relação ao nível de glicemia. Se esta diminuir com o tratamento, precisará ajustar a dose da medicação ou o horário em que se alimenta.

aromaterapia

A aromaterapia cura o organismo e aumenta o bem-estar usando o perfume de óleos essenciais – extratos vegetais concentrados. Os óleos podem ser inalados ou absorvidos pela pele, ou ambos. Os aromaterapeutas com frequência aplicam combinações de óleos essenciais diluídos na pele durante a massagem. Você também pode usar seus óleos preferidos em casa: adicione-os à água do banho, inale-os num lenço ou vaporize num infusor (não deixe os óleos essenciais perto do fogo, pois são inflamáveis).

Se aplicar óleos essenciais na pele, primeiro dilua-os num óleo-base – por exemplo os óleos de abacate, amêndoas, calêndula, semente de uva, jojoba ou germe de trigo. Adicione uma gota de óleo essencial a 24 gotas de óleo-base. Na Parte 3 do programa suave, sugiro algumas formas de usar os óleos essenciais.

Ao adquirir os óleos essenciais, prefira os naturais aos sintéticos – que, em geral, oferecem uma ação terapêutica mais benéfica. Os óleos essenciais 100 por cento puros são preferíveis aos misturados com álcool ou outros aditivos.

Antes de usar os óleos essenciais...

Ao usar os óleos essenciais em casa, observe os seguintes cuidados: não coloque óleos não diluídos sobre a pele; não aplique no rosto ou perto dos olhos; não os tome por via oral; e evite o uso se estiver grávida ou planejando uma gravidez. Se nunca tiver usado um óleo essencial específico ou uma combinação de óleos essenciais sobre a pele, faça um teste antes – coloque um pouquinho de óleo diluído numa pequena área da pele e deixe por uma hora. Se houver qualquer reação, lave bem e evite o uso desse óleo ou dessa combinação em particular.

Óleos essenciais úteis

Embora os óleos essenciais não exerçam ação direta sobre o nível de glicemia, auxiliam no relaxamento, melhorando o bem-estar geral. Isso, por sua vez, pode ter um impacto positivo na glicemia. Os óleos essenciais também ajudam em algumas complicações do diabetes, como a insuficiência circulatória e as infecções na pele. Abaixo está uma pequena seleção dos óleos essenciais que podem ser úteis – provavelmente um aromaterapeuta poderá empregar muitos outros e criar combinações de acordo com suas necessidades.

Alecrim Tem efeito estimulante sobre os nervos e a circulação (o diabetes pode prejudicá-los). Se estiver tomando remédios homeopáticos (*veja p. 36*), o óleo essencial de alecrim pode neutralizar o seu efeito.

Gengibre Aquece e estimula a circulação deficiente, que é uma complicação do diabetes.

Gerânio É usado no auxílio a algumas complicações do diabetes: nevralgia, problemas circulatórios e pele seca, escamosa. O óleo essencial de gerânio também é relaxante e calmante, podendo ajudar na insônia.

Lavanda Suas propriedades antissépticas ajudam na cicatrização das infecções de pele, às quais os diabéticos são suscetíveis, principalmente nos pés. A lavanda também ajuda a relaxar, sendo boa para a hipertensão (uma complicação do diabetes). Se estiver tomando remédios homeopáticos (*veja p. 36*), saiba que o óleo essencial de lavanda pode neutralizar seus efeitos.

Néroli É um óleo relaxante que pode reduzir o estresse e aliviar a depressão. Também ajuda a dormir.

Zimbro Ajuda a combater a ansiedade e a insônia. Também tem ação diurética, que auxilia na retenção de líquidos causada pelo diabetes.

fitoterapia

A fitoterapia ocidental envolve o uso de extratos de plantas medicinais no tratamento dos sintomas das doenças. Mais de 30 por cento dos medicamentos prescritos são derivados de remédios tradicionais à base de plantas; assim, não é de surpreender que a fitoterapia seja eficaz no tratamento do diabetes. Enquanto a maior parte dos remédios convencionais contém um único ingrediente ativo isolado de uma planta – ou manufaturado sinteticamente –, os medicamentos fitoterápicos contêm uma combinação de substâncias sinergéticas que, em conjunto, têm uma ação mais suave e menos possibilidade de produzir efeitos colaterais sérios.

Os medicamentos fitoterápicos são preparados a partir de diferentes partes de plantas e podem conter substâncias derivadas das raízes, flores, folhas, casca do tronco, frutos ou sementes, dependendo de qual possui a maior concentração de ingredientes ativos necessários. Os remédios fitoterápicos podem ser apresentados na forma de infusões (chás), soluções alcoólicas (tinturas), comprimidos ou cápsulas.

Tratamentos fitoterápicos

É melhor fazer tratamentos fitoterápicos para o diabetes com a supervisão de um fitoterapeuta. Alguns medicamentos reduzem os níveis glicêmicos, outros tratam as complicações decorrentes do diabetes. Se optar por adquirir seus próprios produtos fitoterápicos, prefira os "padronizados" – que asseguram que o remédio contém uma quantidade consistente do ingrediente ativo.

Alho (*Allium sativum*) Ajuda a reduzir, e até reverter, o endurecimento e espessamento das artérias (aterosclerose), que é uma complicação frequente do diabetes. Dose recomendada: comprimidos de alho padronizados que forneçam 1.000-1.500 mcg de alicina por dia. (O produto revestido reduz o cheiro de alho no hálito.)

Arruda-de-bode (*Galega officinalis*) A arruda-de-bode, ou galega, contém substâncias que podem reduzir os níveis glicêmicos, auxiliar na perda de peso e diminuir a resistência à insulina. Devido a sua potencial toxicidade, é sempre usada com extrema cautela por fitoterapeutas experientes.

Canela (*Cinnamomum cassia*) A casca da caneleira é amplamente usada para o tratamento de diabetes na fitoterapia chinesa. Ela potencializa os efeitos da insulina. Em excesso, a canela é tóxica.
Dose recomendada: 1 g três vezes ao dia.

Um componente ativo da canela ajuda a reduzir os níveis de glicemia. Use canela em pó nos alimentos e nas bebidas quentes.

Equinácea (*E. purpurea*) Ajuda na prevenção e no combate às infecções associadas ao diabetes (*veja p. 15*). Dose recomendada: 200-300 mg três vezes ao dia (escolha produtos padronizados que contenham no mínimo 3,5 por cento de equinacosídeos).

Gingko biloba O extrato de gingko biloba melhora a circulação e reduz a coagulação sanguínea anormal. Dose recomendada: 120 mg por dia (escolha extratos padronizados com no mínimo 24 por cento de ginkgolídeos). Se tomar algum medicamento para o diabetes, ou para afinar o sangue (como verfarina ou aspirina), procure orientação médica.

Ginseng coreano (*Panax ginseng*) Ajuda a reduzir os níveis glicêmicos, estimulando a secreção de insulina pelo pâncreas e reduzindo a resistência à insulina. O ginseng também tem efeito benéfico sobre a disfunção erétil (uma complicação do diabetes). Tome apenas sob a supervisão de um fitoterapeuta.

Mirtilos (*Vaccinium myrtillus*) Os frutos contêm um antioxidante denominado mirtilina, que tem ação similar à da insulina e ajuda a diminuir a glicose no sangue. O mirtilo também fortalece os vasos sanguíneos, especialmente os da retina (útil na retinopatia diabética; *veja p. 20*). Dose recomendada: 20-60 g da fruta seca por dia. Ou 100-200 mg de extrato seco (escolha produtos padronizados que contenham 25 por cento de antocianosídeos) três vezes ao dia.

Urtiga (*Urtica dioica*) Tem ação redutora na glicemia. Também fortalece a função renal. (Os problemas renais são uma complicação do diabetes.) Dosagem: tome uma infusão de urtiga três vezes ao dia

Chá de urtiga

Com luvas de jardinagem para proteger as mãos, colha um punhado de folhas novas de urtiga. Escolha as que não tenham sido expostas à poluição.

↓

Coloque as folhas numa xícara aquecida e derrame água fervente. Tampe e deixe em infusão por 10-15 minutos (este é o procedimento-padrão para fazer qualquer chá de ervas).

↓

Coe a infusão. Adicione algumas folhas de hortelã para aromatizar, mas não coloque açúcar.

↓

Beba o chá durante a refeição, três vezes ao dia.

medicina aiurvédica

O aiurveda é uma prática da medicina tradicional indiana, cujo nome significa "conhecimento da vida". Existe há mais de cinco mil anos, e baseia-se na crença de que tudo no universo, inclusive o corpo humano, é composto de cinco elementos: terra, éter (vácuo), fogo, água e ar. Estes se combinam formando as três forças internas, ou doshas, conhecidas como:

- *Pitta* (a força metabólica, concentrada no estômago).
- *Kapha* (a força fluida, concentrada nos pulmões).
- *Vata* (a força do movimento, localizada no cólon).

De acordo com a crença aiurvédica, todos possuímos um ou dois doshas dominantes que determinam nossa constituição, nosso físico e o tipo de doenças a que somos suscetíveis. O equilíbrio entre os níveis relativos de cada dosha aumenta e diminui de acordo com a hora do dia, a estação, o tipo de alimento que consumimos, os níveis de estresse e o quanto reprimimos as emoções. Quando os doshas estão desequilibrados, o fluxo da energia vital do corpo (prana) é afetado, provocando doenças.

Os médicos aiurvédicos consideram o diabetes uma disfunção do kapha, na qual o agni, ou fogo metabólico, está diminuído, elevando os níveis de glicemia. Os diabéticos são aconselhados a seguir uma dieta de pacificação do kapha, na qual se deve evitar o excesso de açúcar e de carboidratos, como batatas e arroz branco, concentrando-se nos legumes frescos, ervas amargas e carboidratos complexos, como grão-de-bico, cevada, aveia e arroz integral. Com a exceção de peixe, o consumo de proteínas e gorduras também é limitado. A ingestão de frutas, especialmente laranjas, limões e amalakis (groselha da Índia) é estimulada. Trata-se de um tipo de dieta de baixo índice glicêmico (*veja pp. 47-49*), muito similar à indicada pelos médicos ocidentais.

Terapia aiurvédica

Além das orientações nutricionais, o médico aiurvédico provavelmente recomendará um programa diário de meditação, controle de postura, exercícios respiratórios (pranayama) e técnicas de ioga e hidroterapia. A massagem e os medicamentos fitoterápicos fazem parte do tratamento. Quaisquer das seguintes ervas podem ser usadas num tratamento aiurvédico.

Aloe vera (babosa) O gel extraído das folhas de babosa tem a capacidade de reduzir a glicose.

Coccinia indica É uma trepadeira silvestre da Índia, que parece agir como a insulina.

Feno-grego (*Trigonella foenum-graecum*) Nos portadores de diabetes tipo 2, reduz a elevação dos níveis de glicemia, melhora a tolerância à glicose e diminui os índices elevados de insulina.

Gymnema sylvestre O nome asiático desta trepadeira lenhosa é gurmar, que significa "matador de doce". Mascá-la reduz a sensibilidade aos sabores doces por até 90 minutos, reduzindo a quantidade de alimentos doces ingeridos e, em consequência, ajudando a controlar o consumo de alimentos. É usada na medicina aiurvédica para melhorar a produção de insulina e equilibrar a glicemia.

Melão-de-são-caetano (*Momordica charantia*) Ou melão amargo, é o fruto verde de uma trepadeira asiática. Estudos sugerem que auxilia os diabéticos, pois diminui a absorção de glicose nos intestinos, e reduz a produção de glicose adicional pelo fígado.

Ocimum sanctum e ***Ocimum album*** É uma erva adocicada, também conhecida como tulsi. Os médicos aiurvédicos a empregam para diminuir o nível de glicemia e baixar a pressão arterial.

naturopatia

A naturopatia é uma terapia complementar baseada na crença de que se pode encontrar a saúde e o equilíbrio naturalmente, seguindo uma alimentação e uma rotina saudáveis. As abordagens dietéticas da naturopatia incluem o consumo de alimentos integrais frescos, com alto teor de fibras – de preferência orgânicos – e, sempre que possível, crus. Ar fresco, ambiente limpo e atitude mental positiva também são considerados importantes para a saúde.

Tratamentos da naturopatia

Além de promover uma dieta e um estilo de vida saudáveis, os naturopatas também usam várias outras técnicas e terapias que ajudam a saúde e a recuperação. Dependendo da experiência e do histórico do terapeuta, ele poderá oferecer os seguintes tratamentos:

Alimentos terapêuticos Pode recomendar o consumo de alimentos ricos em cromo, como levedura de cerveja, carne magra, pão integral e de centeio e ostras. Evidências demonstram que o cromo pode melhorar o controle da glicemia, e que os diabéticos apresentam um nível mais baixo desse mineral do que os não diabéticos. Outros alimentos terapêuticos são salsinha (rica em inulina), alho, cebola, grãos integrais e legumes.

Suplementos O naturopata pode recomendar quaisquer dos seguintes suplementos para tratar o diabetes: antioxidantes (como as vitaminas C e E), cromo, magnésio, vitaminas do complexo B, manganês, potássio, vanádio, zinco, coenzima Q10, pólen de abelha e óleo de peixe ômega-3. Veja pp. 62-65 para mais informações sobre os suplementos.

Fitoterapia Um naturopata pode usar quaisquer destas plantas medicinais para o tratamento do diabetes: alho, bardana, ginkgo biloba, Licopus, vagem, feno-grego e mirtilo. Saiba mais sobre os fitoterápicos e como ajudam a reduzir o nível de glicemia, ou a tratar as complicações do diabetes, nas pp. 32-33.

Sais bioquímicos Os naturopatas empregam remédios com base nos 12 sais inorgânicos considerados vitais para a saúde. Os sais inorgânicos são administrados em doses ínfimas na forma de comprimidos sublinguais. Em geral, ingerem-se quatro comprimidos três vezes ao dia durante o período recomendado. Os sais inorgânicos usados no tratamento de diabetes são: sulfato de potássio, fosfato de potássio, sulfato de sódio, cloreto de sódio (sal e cozinha), fosfato de cálcio e fosfato de ferro.

Homeopatia Além dos sais inorgânicos, qualquer medicamento homeopático pode ser prescrito (*veja p. 36*).

Técnicas de relaxamento A redução do estresse e o relaxamento são partes importantes do tratamento naturopata (sendo benéficos no diabetes, pois os hormônios do estresse elevam os níveis de glicemia). Os naturopatas podem ser especializados em diversas técnicas de relaxamento e redução do estresse, como ioga, massagem, hipnoterapia e psicoterapia.

Terapias físicas A hidroterapia, a osteopatia e a quiropatia são normalmente usadas pelos naturopatas.

homeopatia

A homeopatia é uma terapia complementar praticada por muitos médicos e naturopatas, bem como pelos homeopatas tradicionais. Os medicamentos homeopáticos são escolhidos com base no princípio "semelhante cura semelhante" – ou seja, se um medicamento fosse usado com sua potência total, provocaria sintomas similares aos que se pretende combater. Entretanto, os preparados homeopáticos são diluídos muitas centenas de vezes antes de serem usados. O produto final contém apenas umas poucas moléculas da substância original. Nessas doses minúsculas, não ocorrem efeitos colaterais. Em vez disso, eles estimulam a cura.

A diluição dos medicamentos homeopáticos é feita em escala centesimal, na qual as diluições de 100-6 são descritas como potência 6CH, as de 100-12 como 12CH e as diluições de 100-30 como 30CH. Ainda não se sabe exatamente como a homeopatia funciona, mas acredita-se que a água usada na diluição da substância original retenha uma memória ou "assinatura de energia" da substância que promove a cura.

Consulte um homeopata

Os tratamentos homeopáticos são prescritos de acordo com os sintomas e a constituição física de cada um. Embora se possa comprar os medicamentos em drogarias, é melhor consultar um homeopata para uma orientação individual. A personalidade, o estilo de vida, os gostos e as aversões são tão importantes quanto os sintomas na escolha do tratamento adequado. Em geral, prescrevem-se medicamentos com potência 6CH ou 12CH. Se houver uma melhora parcial, mas os sintomas voltarem ao parar de tomar o medicamento, pode ser prescrito um com potência 30CH. Após o tratamento, você se sentirá melhor e terá maior sensação de bem-estar.

Medicamentos homeopáticos para o diabetes

Em geral, estes são os remédios homeopáticos prescritos para os diabéticos, mas o homeopata poderá recomendar outros, dependendo dos seus sintomas e constituição física.

medicamento	preparado com	usado no tratamento de
Antimonium crudum	Sulfeto de antimônio	Problemas nos pés associados ao diabetes.
Arsenicum iodatum	Iodeto de arsênio	Sede em excesso, dor abdominal, inquietação, náusea ou vômitos.
Calcarea carbonica	Carbonato de cálcio	Catarata associada à visão embaçada.
Chionanthus	Arupo	Resistência à insulina e intolerância à glicose, principalmente associados a problemas hepáticos ou à síndrome metabólica.
Cuprum arsenitum	Arsenito de cobre	Infecções do trato urinário associadas ao diabetes, principalmente se a urina cheirar a alho.
Moschus moschiferus	Secreção da glândula de cervo	Impotência associada ao diabetes.
Natrum muriaticum	Cloreto de sódio	Pele seca, coceira e urina frequente.
Plumbum metallicum	Chumbo	Perda de proteína na urina associada ao diabetes.

terapia magnética

A terapia magnética usa os ímãs e seus campos eletromagnéticos para promover a cura. É um meio útil de tratar as complicações do diabetes (*veja pp. 20-23*), pois melhora o fluxo sanguíneo no corpo, reduz a dor das neuropatias e acelera a cura das úlceras do pé diabético.

Como a terapia magnética ajuda

O corpo gera o seu próprio campo eletromagnético devido ao fluxo de íons carregados eletromagneticamente que entra e sai das células e da transmissão dos impulsos elétricos ao longo das membranas das células nervosas. Quando se é saudável, as células vibram numa frequência eletromagnética característica. Numa doença, a vibração eletromagnética da célula se altera. No diabetes, por exemplo, o campo eletromagnético da célula muda ao não receber glicose ou oxigênio suficiente devido ao endurecimento e obstrução das artérias (uma consequência do diabetes a longo prazo).

Quando se aproxima um ímã terapêutico da pele, seu campo magnético interage com as células mais próximas, promovendo a cura, pois ajuda a restaurar a frequência eletromagnética natural da célula. Um problema associado ao diabetes é a deficiência circulatória que ocorre por causa dos danos aos vasos sanguíneos. Pesquisas indicam que a terapia magnética ajuda a melhorar o fluxo sanguíneo fazendo as células sanguíneas se alinharem numa mesma direção, para que possam atravessar com mais facilidade os pequenos vasos sanguíneos. Os glóbulos vermelhos são facilmente magnetizados, pois contêm hemoglobina, pigmento rico em ferro. Em alguns casos, o fluxo sanguíneo triplica após cinco minutos de tratamento. Os glóbulos vermelhos também transportam o oxigênio com mais eficiência após a exposição a um campo magnético. Um maior suprimento de sangue e de oxigênio para os tecidos de todo o organismo ajudam na prevenção de complicações posteriores do diabetes.

Outra consequência do diabetes é a dor provocada pelos danos aos nervos (*veja p. 21*). A terapia magnética ajuda a normalizar a transmissão de impulsos elétricos ao longo dos nervos envolvidos na percepção à dor. Também estimula a produção dos analgésicos naturais do organismo (endorfinas).

Uso terapêutico dos ímãs

Nos programas suave e moderado da Parte 3, descrevo alguns usos dos ímãs para curar o organismo. Por exemplo, pulseiras, adesivos ou acessórios magnéticos podem melhorar a circulação e reduzir a dor. Alguns naturopatas, quiropatas e osteopatas também utilizam a terapia magnética como parte do programa de tratamento.

!

Quando evitar a terapia magnética

Mantenha os ímãs longe do computador, CDs, disquetes e outros aparelhos magnéticos. A terapia magnética não deve ser usada:

- **Se tiver uma infecção.**
- **Se teve catapora recentemente.**
- **Se houver feridas abertas (exceto sob supervisão médica).**
- **Se for hemofílico.**
- **Se usar um marcapasso cardíaco.**
- **Se fizer diálise.**
- **Se usar uma bomba de insulina ou adesivo (nesses casos, use os ímãs somente sob supervisão médica).**
- **Se tiver algum pino de metal implantado cirurgicamente.**
- **Se estiver grávida.**
- **Se estiver tentando engravidar.**

reflexologia

A reflexologia é uma antiga técnica de massagem que melhora a capacidade natural de cura do organismo. Funciona por meio da estimulação de pontos nos pés e nas mãos conhecidos como reflexos, que correspondem às estruturas e funções dos diferentes órgãos internos. O pé direito corresponde ao lado direito do corpo, e o pé esquerdo, ao lado esquerdo. Os reflexos se distribuem por todas as partes dos pés: solas, parte superior, dedos e calcanhares. Do mesmo modo, os reflexos da mão direita correspondem ao lado direito do corpo e os da esquerda, ao lado esquerdo. Os pontos próximos à parte externa das mãos remetem às partes mais externas do corpo, como os ombros, enquanto os pontos na parte mais interna correspondem aos órgãos internos e à coluna.

Há muitos benefícios associados à reflexologia: combate o estresse e ajuda no relaxamento, melhora a circulação, auxilia o organismo a eliminar toxinas e é revigorante.

Reflexologia plantar

Estes são esquemas plantares simplificados que fornecem a posição de alguns reflexos nas solas dos pés. No caso de diabetes, o reflexologista poderá trabalhar no reflexo do pâncreas, encontrado mais no pé esquerdo. Também trabalhará nos reflexos associados ao fígado, e às glândulas pituitária, tireoide e adrenais.

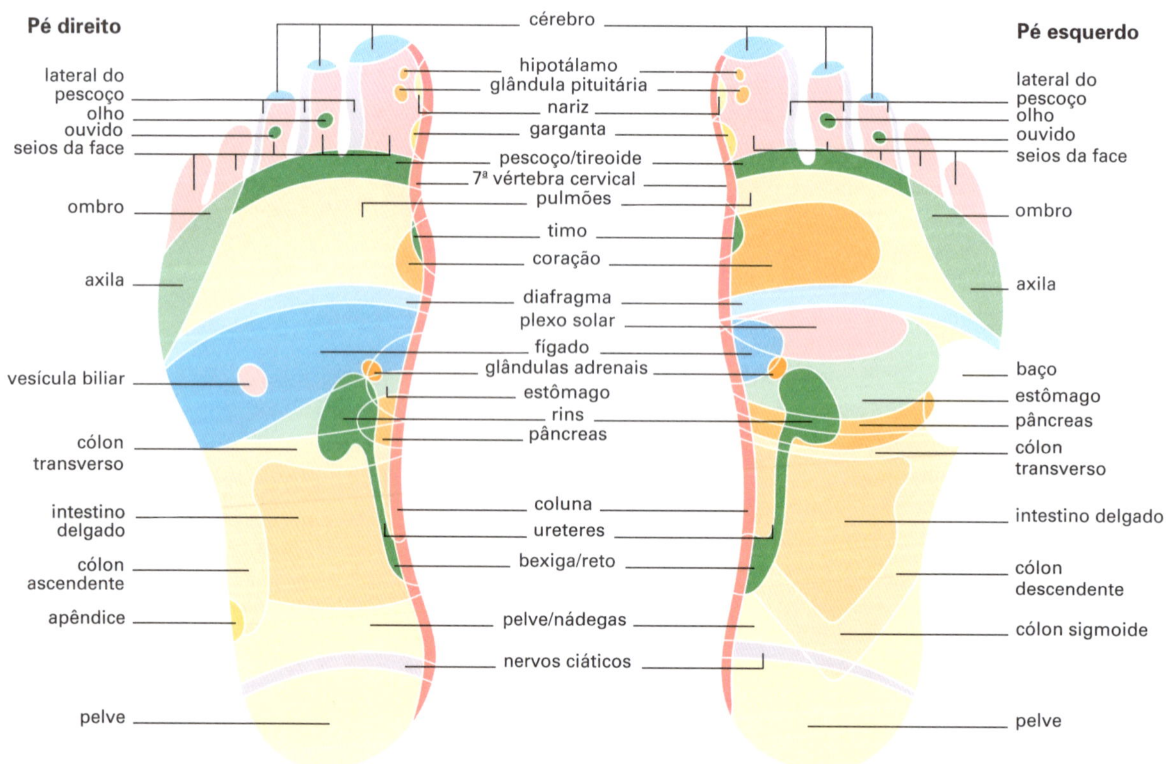

A reflexologia funciona?

Estudos ainda não publicados da Universidade de Medicina de Pequim com portadores de diabetes tipo 2 sugerem que a reflexologia aplicada diariamente, de forma regular, pode afinar o sangue e melhorar os níveis de glicose. Em alguns casos, o controle da glicemia melhorou o suficiente para que a medicação fosse suspensa (o que deve ser feito apenas sob supervisão médica).

A reflexologia também ajuda a tratar as complicações do diabetes, como úlceras e gangrenas (resultantes de danos aos vasos sanguíneos – e às vezes, aos nervos – que estão nos membros inferiores e nos pés). Em um estudo, a reflexologia melhorou a circulação e curou pessoas com úlceras e gangrena típicas de diabéticos. Nos que foram tratados de forma convencional, a cura completa levou 39 dias; já nos que receberam a reflexologia, levou bem menos tempo: 22 dias.

Consulta com um reflexologista

Em geral, o reflexologista se concentra nos pés ou nas mãos, massageando todas as áreas firmemente com o polegar e os dedos. Ele aplica pressão no reflexo correspondente ao órgão ou órgãos relativos ao problema específico. Acredita-se que isso estimule as terminações nervosas que passam dos pés para o cérebro e depois para a parte relacionada do corpo.

O terapeuta também poderá identificar pontos nos pés que sejam excepcionalmente sensíveis ou que estejam ásperos – estes indicam problemas de saúde dos quais o paciente nem sequer suspeita. O reflexologista pode tratar esses problemas trabalhando esses pontos sensíveis.

Para o tratamento do diabetes, em geral, o reflexologista se concentra nos pontos associados às glândulas pituitária, tireoide e adrenais, ao fígado e ao pâncreas. O tratamento dura de 45-60 minutos, e ao final de cada sessão você se sentirá contente e relaxado.

Autorreflexologia

A massagem a seguir não apenas estimula os reflexos nos pés que auxiliam no diabetes, mas também melhora o fluxo sanguíneo da região. A redução da circulação nos pés é uma complicação comum do diabetes, que pode levar a problemas como úlceras. Procure massagear suavemente os dois pés por inteiro, duas vezes ao dia durante dez minutos, de manhã e à noite. Ao massageá-los, preste atenção nos pequenos machucados, como bolhas, calos ou cortes. É importante tratar esses machucados rapidamente se for diabético (*leia mais sobre o cuidado com os pés na p. 21*).

1 Sente-se confortavelmente numa poltrona. Coloque o pé esquerdo sobre a coxa direita. Com o polegar, massageie suavemente todo o pé por dois minutos.

2 Concentre a massagem no reflexo da tireoide por um minuto. Este se encontra na base dos três primeiros dedos (comece pelo dedão).

3 Massageie por um minuto o reflexo da pituitária, que se encontra na parte de baixo do dedão, um pouco ao lado da parte externa da linha central.

4 Pressione o arco interno do pé durante um minuto – esta é a região do rim esquerdo e das glândulas adrenais.

5 Massageie por um minuto o reflexo do fígado, que fica no meio do pé – o lobo hepático direito está representado no pé direito, e o lobo hepático esquerdo menor está representado por uma área logo acima do reflexo da glândula adrenal, no pé esquerdo.

6 Por fim, massageie o reflexo do pâncreas, que se encontra mais na sola esquerda, logo abaixo da parte mais alta do pé, por 4 minutos. Um pequeno reflexo do pâncreas está presente na mesma área do pé direito.

7 Repita a massagem no pé direito.

ioga e chi kung

A ioga e o chi kung (pronunciado "tchi-kón") são duas práticas que utilizam uma combinação de posturas, movimentos, exercícios de respiração e técnicas de meditação para relaxar o corpo e a mente e estimular o fluxo de energia vital no organismo. A ioga é originária da Índia, e o chi kung, da China.

Ioga e diabetes

Vários estudos demonstram que a ioga ajuda a controlar o nível de glicemia. Num estudo, os indivíduos que praticavam as posturas, os exercícios de respiração e as técnicas de relaxamento da ioga melhoraram significativamente seu nível de glicemia em apenas 9 dias. A ioga também exerce efeito benéfico sobre a pressão arterial e os níveis de colesterol LDL e de triglicérides (*veja p. 23*).

Os outros benefícios da ioga são a redução da medida da cintura (uma cintura grande não é saudável, pois eleva o risco de problemas cardiovasculares), do estresse e da ansiedade, e a melhora na velocidade dos estímulos nervosos. Este último é particularmente importante para os diabéticos que já começaram a sentir um declínio na função nervosa (*veja p. 21*).

Comece a ioga Para obter os benefícios máximos da ioga, é melhor aprender com um instrutor e depois praticar em casa. Apresento algumas posturas benéficas da ioga nos programas suave, moderado e de força total da Parte 3. Procure praticar diariamente, ou pelo menos três ou quatro vezes por semana, em sessões de 30-60 minutos.

Ao escolher um curso de ioga, procure saber que tipo de ioga é ensinado – alguns, como a ashtanga ioga, são mais puxados que outros. Escolha um tipo apropriado ao seu nível de condicionamento. A hatha ioga é o tipo mais popular no Ocidente, e envolve uma série de posturas simples que fluem suavemente de uma para outra, e que pode ser executada no seu próprio ritmo. Se você não for muito flexível, a iyengar ioga é uma forma relativamente simples da hatha ioga que utiliza apoios como cadeiras e travesseiros para dar estabilidade entre o corpo e o chão. É ideal para os iniciantes, principalmente os com menor preparo físico e com cintura grande, o que dificulta dobrar o corpo. A viniyoga é outro tipo de ioga suave boa para os com menor condicionamento físico. Comece sempre devagar e acelere a prática com o tempo.

Chi kung e diabetes

Com frequência, o chi kung é chamado de "ioga chinesa". Pesquisas mostram que a prática diária de exercícios de *chi kung* tem efeito positivo sobre o nível de glicemia. Em especial, o passo chi kung diário é benéfico, pois usa mais músculos que o andar convencional e, assim, queima mais glicose. O passo chi kung estimula o movimento dos braços e das pernas, enquanto mantém um ritmo de andar leve e relaxado. Num estudo, foi pedido aos diabéticos que caminhassem ou do modo comum ou que praticassem uma caminhada chi kung por 30-40 minutos depois do almoço. Os resultados mostraram que a caminhada chi kung foi mais eficaz na redução dos níveis de glicose no sangue.

Comece o chi kung As posturas básicas do chi kung são fáceis de aprender e podem ser feitas em qualquer ordem. Há cursos para aprendê-lo, mas alguns exercícios, como a caminhada chi kung, são simples e podem ser aprendidos em livros ou vídeos. Se optar pelas aulas, o chi kung é frequentemente ensinado junto com o tai chi – ambos compartilham os mesmos movimentos lentos e graciosos – embora o chi kung, ao contrário do tai chi, não seja uma arte marcial. Assim que aprender alguns movimentos do chi kung, pratique todos os dias. Se puder, recomendo os exercícios à noite – uma rápida sequência de movimentos de chi kung é ideal para relaxar e se preparar para dormir.

acupuntura

O princípio fundamental da acupuntura é que a energia vital, conhecida como "ki" ou "chi" (pronunciada "tchi") flui através do corpo por canais denominados meridianos. Foram identificados 12 meridianos principais, e mais outros 8 meridianos que têm uma função reguladora, somando 20 no total. O ki se concentra em certos pontos (conhecidos como acupontos) ao longo desses canais, por onde podem entrar ou sair do corpo. Quando estamos saudáveis, o ki flui suavemente. Mas quando estamos estressados, em estado de negligência espiritual ou quando não recebemos alimentação adequada, o fluxo do ki é interrompido. Os terapeutas chineses acreditam que

Autoacupressão

Os acupontos podem ser estimulados pela pressão do polegar ou do indicador, ou pela inserção de agulhas. Experimente esta técnica:

1 Encontre o ponto quatro dedos abaixo da patela, um pouco fora da linha central, numa depressão que se forma entre a tíbia e o músculo da perna, quando se dobra o joelho. Este é um acuponto conhecido como Zusanli (Estômago-36), localizado no meridiano do estômago. É um dos pontos mais usados nas doenças crônicas que têm um elemento nutricional, como o diabetes e o sobrepeso.

2 Pressione esse ponto suavemente, aumentando a força aos poucos até quando aguentar. Depois diminua a pressão gradualmente e aumente de novo. Continue pressionando por cerca de um minuto enquanto mantém a respiração lenta e profunda.

3 Aplique esta técnica duas vezes ao dia, de manhã e à noite, duas a três vezes por semana (ou todos os dias, se preferir).

Os doze pulsos

O acupunturista avalia a quantidade de energia que flui pelo corpo através de cada um dos doze meridianos principais, sentindo o pulso em seis pontos do punho. Alguns meridianos são alcançados pressionando-se profundamente com a ponta dos dedos; outros, com uma pressão superficial.

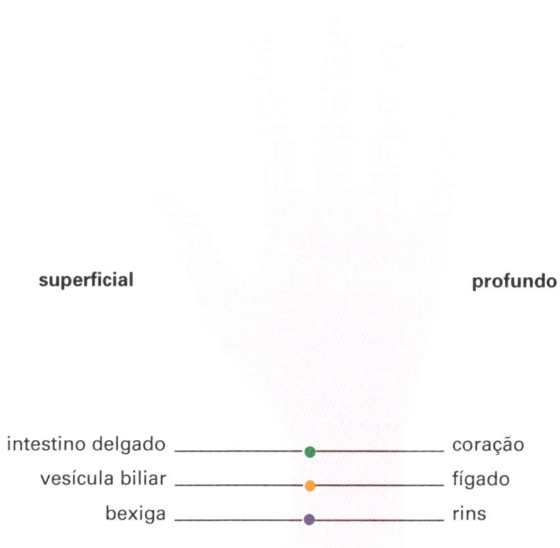

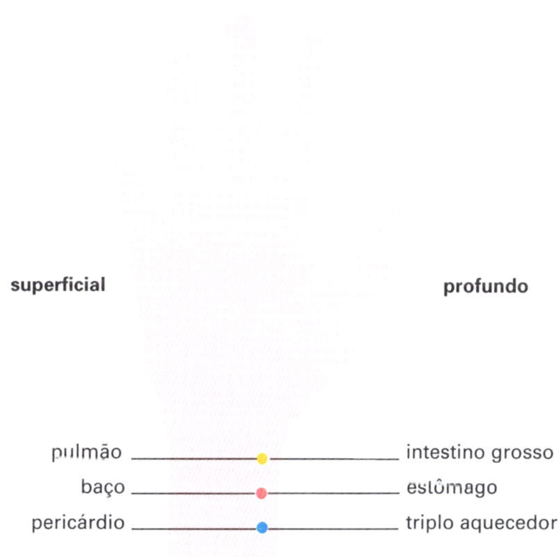

Na medicina tradicional chinesa, o diabetes é classificado como uma síndrome superior, média ou inferior de "desperdício e sede", e acredita-se resultar dos bloqueios de energia ao longo dos meridianos dos pulmões, dos rins, do baço e do estômago.

esses distúrbios resultem nos sintomas das doenças. O objetivo da acupuntura é restaurar o fluxo ideal de ki. O diabetes é tratado pela acupuntura em conjunto com as ervas chinesas. A acupuntura melhora a circulação, ajuda a controlar a glicemia e reduz a dor na neuropatia diabética (*veja p. 21*).

Na medicina tradicional chinesa, o diabetes é classificado como uma síndrome superior, média ou inferior de "desperdício e sede", e acredita-se resultar dos bloqueios de energia ao longo dos meridianos dos pulmões, dos rins, do baço e do estômago, dependendo do tipo de sintomas apresentados.

Consulte um acupunturista

Durante o tratamento com acupuntura, o terapeuta estimula ou reduz o fluxo de energia, inserindo agulhas finas, estéreis e descartáveis na pele, nos acupontos escolhidos. Pode-se sentir uma ligeira sensação de formigamento, picada ou zumbido quando a agulha é inserida ou girada, mas não dor. As agulhas são geralmente deixadas num ponto por cerca de 10-30 minutos, e balançadas ou giradas para estimular o ki, ou atrair ou dispersar a energia do ponto. Nos diabéticos, as agulhas são frequentemente estimuladas com uma fraca corrente elétrica (eletroacupuntura) para fornecer um estímulo pulsante nas áreas onde o ki está fraco. Haverá benefícios com uma ou duas sessões por semana, por dois meses no mínimo.

Shiatsu – Pressão dos dedos japonesa

Assim como a acupuntura, a terapia japonesa shiatsu regulariza o fluxo de energia (ou ki, em japonês) por meio dos meridianos. Isso é alcançado pela massagem e estímulo dos acupontos. Se quiser experimentar algumas técnicas simples de shiatsu em casa, veja as pp. 146-160.

meditação

A meditação é acima de tudo um meio de relaxar a mente e o corpo, abandonando a vibração normal dos pensamentos que ocupam a mente. É alcançada concentrando a atenção num único som, objeto ou atividade. Por exemplo, pode-se meditar com a ajuda do som e do ritmo da respiração, de uma chama de vela ou dos movimentos que o corpo faz enquanto caminha. Qualquer coisa que ajude a mente a fixar a atenção num único ponto pode ser usada como ferramenta para a meditação.

Doentes crônicos como os diabéticos com frequência experimentam sintomas de estresse e ansiedade, como palpitações, tremores, suor, agitação, irritabilidade e sentimentos de morte iminente. A meditação ajuda a combater esses sintomas de estresse e ansiedade, conduzindo a um estado mental de relaxamento profundo. Os mais acostumados à meditação dizem que ela traz sentimentos de paz, calma e de amplitude de consciência. Quanto mais relaxado estiver, menores os níveis do hormônio do estresse na circulação – o que é benéfico, pois os níveis elevados desse hormônio aumentam o nível de glicemia.

Muitos estudos mostram que a meditação ajuda a diminuir a pressão arterial em pessoas com pressão normal ou com hipertensão leve ou moderada. A hipertensão é uma complicação do diabetes e um fator de risco para problemas cardiovasculares como a doença arterial coronariana e o derrame.

Inicie a meditação

Você pode fazer um curso de meditação ou praticar sozinho em casa. Se escolher as aulas, saiba que há tipos de meditação específicas de diferentes origens, tanto espirituais quanto seculares. Pesquise as diferentes abordagens, escolha a que seja mais adequada aos seus gostos e à sua visão espiritual. Um instrutor de meditação zen irá ensiná-lo a adotar uma posição sentada específica e a se concentrar nos movimentos de inspiração e expiração da respiração. Na meditação transcendental, receberá um mantra em sânscrito a ser repetido silenciosamente durante uma sessão de meditação feita duas vezes ao dia. Se encontrar dificuldade em permanecer sentado, estático, meditando, talvez seja melhor praticar uma forma de meditação em movimento, como o tai chi ou a caminhada. Na Parte 3, descrevo algumas práticas simples de meditação que todos podem experimentar.

Tanto ao praticar em casa quanto nas aulas, recomendo que adote a meditação como parte de sua rotina diária. Reserve uma determinada hora do dia para a prática; talvez a primeira coisa pela manhã ou a última coisa à noite. Transforme seu espaço de meditação num lugar silencioso e tranquilo – coloque uma música suave e acenda velas se achar que ajudam na concentração. Ou procure um lugar tranquilo ao ar livre. A meditação ao ar livre é um ótimo meio de se relacionar com a natureza e de se sentir conectado com o todo. Medite de 10-15 minutos por dia no início, e depois com o tempo aumente o intervalo. Deixe um relógio à vista, ou medite pelo tempo que um incenso leva para queimar por inteiro.

Biofeedback

A técnica terapêutica conhecida como *biofeedback* apresenta semelhanças com a meditação. Utiliza os exercícios de respiração e relaxamento para interferir nas funções do organismo. Você recebe uma resposta em tempo real sobre seu estado fisiológico interno (frequência cardíaca e pressão arterial, por exemplo), depois realiza um esforço consciente para relaxar até que os batimentos cardíacos diminuam e a pressão baixe. O *biofeedback* tem reduzido significativamente os níveis de glicemia, a tensão muscular, a ansiedade e a depressão após dez sessões.

abordagem nutricional do tratamento

Sei que muitas pessoas, logo após receberem o diagnóstico de diabetes, ficam preocupadas, achando que o ato de comer deixará de ser prazeroso. Existem muitos mitos sobre o tipo de dieta a ser seguido. A verdade é que não é preciso seguir uma dieta específica para diabéticos ou comprar "alimentos para diabéticos". Os parâmetros para uma dieta saudável são os mesmos que para os outros em geral. Alimentar-se quando se é diabético não só continuará a ser prazeroso e gratificante, como também irá constituir uma poderosa defesa contra os problemas de saúde associados ao diabetes. Eis como a dieta pode ajudar:

- Reduzir a ingestão de carboidratos de rápida digestão pode estabilizar os níveis de glicemia, baixar os níveis de triglicérides (*veja p. 23*) e melhorar a sensibilidade de qualquer insulina ainda produzida pelo pâncreas.
- O corte do sal reduz a retenção de sódio e de líquidos, que pode levar à hipertensão.
- Uma dieta rica em fibras diminui a absorção do colesterol e dos carboidratos dos alimentos, estimulando o controle da glicemia e o equilíbrio do colesterol no sangue.
- A redução do consumo de calorias ajuda a perder peso.
- O corte das gorduras trans parcialmente hidrogenadas (*veja p. 53*) reduz o risco de distúrbios cardíacos.
- O aumento de consumo de gorduras saudáveis (*veja pp. 52* e *54-55*) auxilia no controle da glicemia e a evitar problemas cardiovasculares.
- As frutas e os legumes frescos fornecem antioxidantes e isoflavonas (*veja p. 56*), que ajudam a prevenir distúrbios circulatórios associados ao diabetes.
- Uma dieta rica em alimentos integrais fornece oligoelementos que podem melhorar o controle da glicemia.
- Uma alimentação rica em vitaminas B6, B12 e ácido fólico ajuda a reduzir a aterosclerose (*veja pp. 22-23*).

Beba bastante líquido
Procure beber 2-3 litros de líquido por dia, a menos que a recomendação médica seja de restrição à ingestão de líquidos. Concentre-se em beber água, chás verde ou branco e de frutas ou ervas sem adição de açúcar. Elimine as bebidas com cafeína, inclusive o café, e evite refrigerantes, pois contêm uma quantidade excessiva de glicose e/ou adoçantes artificiais, corantes e conservantes.

controle os carboidratos

Os carboidratos são a principal fonte de calorias da alimentação, e um dos mais controversos grupos de alimentos. Algumas dietas recomendam o consumo de uma grande quantidade de carboidratos, enquanto outras restringem severamente sua ingestão. Para a maioria das pessoas, inclusive os diabéticos, o ideal é o meio-termo: o consumo de quantidades moderadas do tipo certo de carboidrato – que não aumente o nível de açúcar no sangue rapidamente.

Para entender a diferença entre os carboidratos "bons" e os "ruins", é bom compreender a sua estrutura e os efeitos exercidos sobre o controle da glicemia.

O que são carboidratos?

Os carboidratos são moléculas compostas de carbono, hidrogênio e oxigênio, que podem se apresentar isoladas ou em cadeias. As moléculas simples de carboidratos são conhecidas como açúcares simples; as cadeias de moléculas de carboidratos são conhecidas como carboidratos complexos.

Açúcares simples A glicose (também conhecida como dextrose), a galactose (açúcar do leite) e a frutose (açúcar das frutas) são açúcares simples (ou monossacarídeos) e devem ser restritos numa dieta saudável. São absorvidos diretamente pelo intestino na circulação, provocando um rápido aumento do nível de glicemia.

A glicose tem o impacto mais rápido na glicemia; a frutose e a galactose se metabolizam mais devagar, pois vão primeiro para o fígado, onde são convertidas em glicose antes de entrar na circulação.

Dissacarídeos Quando duas moléculas de açúcar se combinam, formam um carboidrato conhecido como dissacarídeo. A sacarose – o açúcar de mesa comum – é o exemplo mais conhecido de dissacarídeo. A sacarose é encontrada naturalmente na cana-de-açúcar e na beterraba e também em frutas e alguns legumes, como as cenouras. Os dissacarídeos precisam ser quebrados em moléculas de glicose durante a digestão, antes de serem liberados na circulação sanguínea. Embora provoquem um aumento nas taxas de glicemia – e deveriam ser restritos na dieta por essa razão –, não afetam os níveis de açúcar no sangue tão drasticamente quanto os monossacarídeos como a glicose. Outros exemplos de dissacarídeos são a lactose, um açúcar do leite obtido da glicose e da galactose; e a maltose, um açúcar encontrado nos cereais.

Carboidratos complexos Quando as cadeias de moléculas de glicose se ligam, resultam num carboidrato complexo ou polissacarídeo, que também

O que acontece quando ingerimos carboidratos?

Ao consumir carboidratos – seja na forma de açúcar no chá ou num sanduíche de pão integral –, as enzimas do sistema digestório os quebram em moléculas de glicose. A partir daí, eles entram na corrente sanguínea. (Se ingerir glicose em sua forma pura, ela não precisa ser metabolizada e segue direto para a corrente sanguínea). Se o diabetes estiver bem controlado, a glicose se moverá da corrente sanguínea para as células musculares e adiposas. Daqui ela tem três destinos principais: parte é metabolizada para liberar a energia imediatamente; parte é convertida em glicogênio e armazenada como fonte de energia emergencial; e o restante é convertido em gordura. Se não estiver controlando o diabetes, o nível de glicemia permanece elevado. A glicose não consegue entrar nas células musculares e adiposas e, em consequência, o organismo é privado da sua fonte de energia primária.

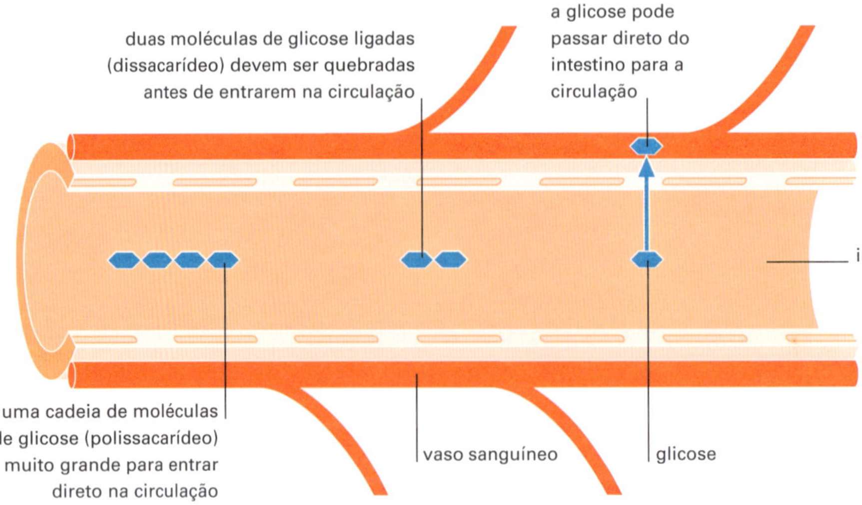

Como a glicose cria uma saturação de açúcar
Todos os carboidratos se compõem de moléculas de glicose, mas a glicose é a mais prontamente absorvida e se avoluma o mais rapidamente no sangue. Isso porque a glicose consiste em uma única molécula que pode passar sem modificação pela parede do intestino. Os outros tipos de carboidratos são processados mais lentamente, pois são compostos por moléculas de glicose ligadas que precisam ser metabolizadas antes.

são conhecidos como amidos. Os carboidratos complexos incluem a farinha, o arroz e a batata. Esses alimentos tendem a compor a parte principal da nossa dieta: cereal no café-da-manhã; pão nos sanduíches do almoço; e arroz e batatas no jantar.

Antes que possam ser liberados na circulação, os carboidratos complexos precisam ser metabolizados nas moléculas de glicose que os compõem. Ou seja, em vez de provocar um aumento súbito do açúcar no sangue, levam a um aumento mais lento e constante. Quando se é diabético, é melhor ingerir carboidratos complexos em vez de açúcares simples, pois isso ajuda a manter os níveis de glicemia estáveis e sob controle.

Adoçantes sem açúcar

Alguns produtos são classificados como carboidratos mesmo sem conter açúcar. São os polióis (como o sorbitol, o xilitol e o lactitol), que são concebidos como adoçantes para os portadores de diabetes. Use-os com cuidado: o poliol conhecido como maltitol pode elevar a taxa de glicemia – o chocolate adoçado com maltitol mostrou ter o mesmo efeito nos níveis de glicose do sangue que o chocolate adoçado com sacarose (monitore cuidadosamente a glicemia se usar o maltitol). Como os efeitos de longo prazo dos polióis nos diabéticos não são conhecidos, é bom limitar o seu uso.

Verifique o açúcar dos alimentos
Como parte de uma alimentação saudável, seria bom limitar o consumo dos açúcares simples. Verifique a quantidade de nutrientes para cada 100 g de alimento (ou porção, se tiver menos que 100 g): 2 g de açúcares ou menos é pouco açúcar; 10 g de açúcares ou mais é muito açúcar.

siga uma dieta de IG baixo

A palavra "glicêmico" significa "aquilo que produz açúcar no sangue". Os alimentos com grande quantidade de carboidratos refinados ou açúcares simples (*veja p. 45*) elevam rapidamente o nível de glicemia no sangue, ao passo que os alimentos integrais com carboidratos complexos (*veja pp. 45-46*) têm impacto muito menor no nível de glicose no sangue. Pesquisas sugerem que quanto maior o aumento da glicose após uma refeição (conhecido como hiperglicemia pós-prandial), maior é o risco de desenvolvimento de doenças cardiovasculares. Por esse motivo, é importante reduzir a amplitude e a duração do pico de glicose após uma refeição. Antes de descrever como adotar uma dieta de índice glicêmico baixo, é importante compreender como se desenvolveram os conceitos de índice glicêmico e carga glicêmica.

O que é o índice glicêmico?

A forma como diferentes alimentos afetam os níveis de glicose no sangue pode ser avaliada pelo seu índice glicêmico (IG) – conceito desenvolvido inicialmente em 1981 pelos cientistas da Universidade de Toronto. O índice glicêmico compara como os vários alimentos afetam os níveis de glicemia. A glicose pura, que tem o efeito mais evidente sobre a glicemia no sangue, recebeu o valor glicêmico 100 (IG 100); um alimento que eleva a glicemia em 50 por cento do valor da glicose tem valor glicêmico 50 (IG 50).

Os alimentos com o IG alto (70 ou mais) têm efeito rápido sobre o nível de glicose no sangue. Os alimentos com IG médio (56-69) têm efeito mais prolongado na glicemia. Alimentos com IG baixo (menor que 55) contêm carboidratos que são metabolizados bem lentamente, tendo pouco efeito sobre o nível de glicose no sangue. Entre os alimentos com IG muito baixo, de valor inferior a 30, temos manteiga, queijo, ovos, peixe, grapefruit, verduras, carne, nozes, castanhas, ameixas, frutos do mar e leguminosas como a soja e o feijão comum.

É importante que os diabéticos sigam uma dieta de IG relativamente baixo, que ajuda a controlar o nível de glicose no sangue e reduz a necessidade de insulina. Um alimento com IG alto (por exemplo, flocos de milho: IG 81), combinado com um alimento de IG baixo (por exemplo, leite: IG 30), produzirá, ao final, uma refeição com IG moderado.

O que é carga glicêmica?

Apesar de o índice glicêmico ser um indicador útil, ele tem algumas falhas. Por exemplo, um alimento com IG alto não contém necessariamente muito carboidrato. Os valores de IG foram calculados alimentando voluntários com porções de alimento contendo 50 g de carboidratos

Como os diferentes valores de IG afetam a glicemia
Como se pode ver no gráfico, um alimento de IG alto provoca o aumento e queda bruscos da glicose no sangue. Um alimento com IG baixo produz um aumento e queda menos repentinos.

Como os alimentos com diferentes IG afetam os níveis de glicemia

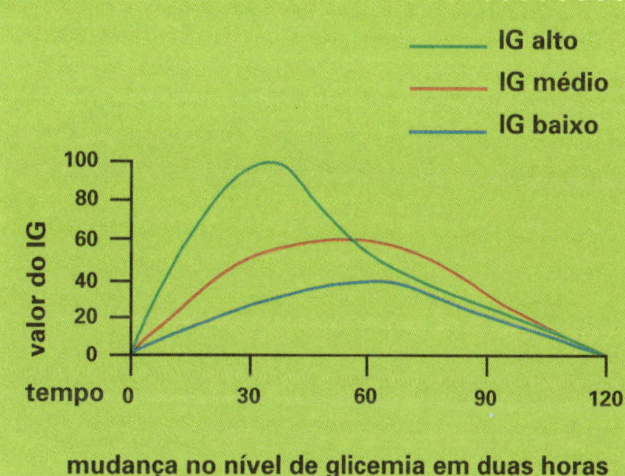

O aumento dos alimentos de IG alto

Os humanos evoluíram com uma dieta de baixos carboidratos e alto teor de proteínas. O desenvolvimento da agricultura, após a última Era Glacial, aumentou nosso consumo de carboidratos, principalmente sob a forma de grãos de IG baixo, que produziram apenas aumentos modestos de glicose no sangue. Durante a revolução industrial, isso mudou drasticamente – a moagem de grãos aumentou enormemente o índice glicêmico dos carboidratos na alimentação. Mais tarde, com o advento das refeições rápidas, dos doces e das refeições volumosas, o índice glicêmico de uma dieta ocidental típica aumentou ainda mais, levando à atual difusão dos "surtos" de obesidade, de resistência à insulina e do diabetes tipo 2.

digeríveis, e depois medindo o aumento do nível de glicose no sangue. No caso das cenouras, que contêm apenas 7 por cento de carboidratos, envolveria o consumo de vários maços – uma quantidade impossível de ser ingerida em uma dieta diária.

Por isso, pesquisadores da Universidade de Harvard desenvolveram um outro sistema, o de carga glicêmica (CG), considerando a quantidade de carboidratos presente em uma porção típica do alimento. A carga glicêmica é calculada multiplicando o índice glicêmico de um alimento pela quantidade de carboidratos contida em uma porção, e dividindo o resultado por 100. O valor resultante fornece uma informação mais prática e útil do que o IG. Por exemplo, uma porção média de macarrão contém mais de 50 g de carboidrato digerível e tem um impacto maior nos níveis de glicose no sangue do que seu IG sugere; e as cenouras, embora tenham IG 47, têm CG de apenas 3.

Uma CG 20 ou mais é classificada como alta, uma CG 11-19 é considerada média, e a CG 10 ou menor, baixa.

Os benefícios de uma dieta de IG baixo

Hoje, os pesquisadores sabem que uma dieta de IG alto leva à obesidade, à resistência à insulina e a níveis de gorduras no sangue nocivos. Tais mudanças adversas estão associadas ao endurecimento e à obstrução das artérias e ao aumento no risco de doenças coronárias e derrames.

Por outro lado, se você tem síndrome metabólica ou diabetes, a adoção de uma dieta de índice glicêmico baixo oferece benefícios significativos. A dieta limita a ingestão da própria substância que aumenta os níveis de glicemia, a demanda de insulina e os níveis de gorduras prejudiciais à saúde. Em 1994, uma compilação de 11 estudos revelou os seguintes benefícios da dieta de IG baixo para os diabéticos:

- **Diminuição de 16 por cento dos níveis de glicose no sangue, em média.**
- **Melhora de 9 por cento nos resultados do teste HbA1c (*veja p. 19*).**
- **Diminuição de 6 por cento nos níveis de colesterol total.**
- **Diminuição de 9 por cento nos níveis de triglicérides.**
- **Outros estudos mostram que uma dieta de IG baixo reduz a glicemia após a refeição em até 21 por cento, além de diminuir a viscosidade do sangue e a tendência à formação de coágulos.**

Como seguir uma dieta de IG baixo

Os valores de IG e CG podem ser encontrados facilmente em livros, mas alguns valores úteis são fornecidos ao lado. Em geral, os alimentos com CG baixa podem ser consumidos à vontade, mas é preciso observar a ingestão de alimentos com CG média, e ter cuidado para não comer muitos alimentos com CG alta. Os planos dietéticos recomendados nos programas da Parte 3 se baseiam em uma alimentação com IG baixo.

A maioria das frutas, legumes e verduras (com exceção das batatas) não contribui significativamente para o consumo de carboidratos, por isso têm IG/CG baixos e normalmente não precisam ser limitados. De qualquer modo, consuma frutas secas, como uvas-passas, com moderação – devido à evaporação da água, o açúcar nas frutas secas é mais concentrado do que nas frutas frescas.

Em geral, os alimentos refinados têm IG/CG mais alto que seus equivalentes não refinados, portanto prefira pão e macarrão integrais em vez de pão e macarrão brancos, e substitua o arroz branco pelo integral.

Ao seguir uma dieta de índice glicêmico baixo, você naturalmente comerá menos carboidratos. Pesquisas sugerem que a maneira mais saudável de repor esses carboidratos é ingerindo legumes, verduras e gorduras monoinsaturadas (*veja p. 52*), presentes no azeite, nas nozes e castanhas e no abacate, e consumindo 25-50 g de fibras por dia. Ou seja:

- Pelo menos cinco porções de frutas, legumes e verduras por dia, sendo o ideal três ou quatro porções de legumes e verduras para cada duas porções de frutas.
- Consumir 60 g de nozes, castanhas e sementes.
- Utilizar o azeite no cozimento e nos molhos para salada.
- Escolher carboidratos com alto teor de fibras – por exemplo, cereais integrais.

Valores glicêmicos de alguns alimentos comuns

alimentos	índice glicêmico	carga glicêmica
Nabo redondo	97	12
Batata assada	85	26
Pão integral	71	9
Uva-passa	64	28
Abacaxi fresco	59	7
Pão integral de centeio	58	8
Mingau de aveia	58	13
Müsli	56	9
Mel	55	10
Arroz integral	55	18
Kiwi	53	6
Banana	52	12
Suco de laranja sem açúcar	52	12
Manga	51	8
Batatinha cozida	50	14
Pão de grãos	49	6
Ervilha	48	3
Cenoura	47	3
Uva	46	8
Batata-doce	44	11
Laranja	42	5
Suco de maçã sem açúcar	40	11
Espaguete integral	37	16
Maçã	38	6
Pera	38	4
Damasco seco	31	9

corte o sal

Apesar de o ser humano ter evoluído com uma dieta de menos de 1 g de sal por dia, o consumo atual típico no Ocidente é de 9-12 g por dia. O sal (cloreto de sódio) é largamente utilizado para realçar e conservar o sabor, e é encontrado em grande quantidade em muitos alimentos industrializados e pré-preparados. A dieta com muito sal tem papel importante no desenvolvimento da hipertensão – que está associada ao diabetes –, que, com o tempo, pode levar a problemas cardiovasculares sérios, inclusive a ataque cardíaco e a derrame cerebral.

O sal em excesso é prejudicial

Embora todos devam evitar o consumo exagerado de sal, isso é especialmente importante para os diabéticos. Quando se tem diabetes, os rins ficam menos capacitados a expelir o sal, ou seja, há mais sal circulando no sangue. Em consequência, as pessoas com diabetes tipo 2 têm maior probabilidade de desenvolver hipertensão que os que não diabéticos. O excesso de sal também aumenta o risco de desenvolvimento de problemas renais (nefropatia diabética; *veja p. 20*). Além disso, o excesso de sal na dieta está fortemente vinculado ao espessamento da parede do ventrículo esquerdo do coração.

O teor de sódio nos alimentos

Se o rótulo de um alimento indicar o "sódio" como ingrediente, é preciso multiplicá-lo por 2,5 para obter o volume de sal. Por exemplo, se uma porção de sopa indica 0,4 g de sódio, ela contém 1 g de sal (cloreto de sódio). Um critério é que para 100 g de alimento (ou por porção, se ela for menor que isso):

- **0,5 g de sódio para 100 g ou mais é muito sódio.**
- **0,1 g de sódio para 100 g ou menos é pouco sódio.**

Como cortar

Alguns alimentos, como batata chips, bacon, nozes e castanhas salgadas e produtos em salmoura são obviamente salgados, mas a maior parte do sal da alimentação está oculta em alimentos processados, tais como produtos enlatados, refeições prontas, sopas e molhos industrializados, caldo em tabletes, carne em lata e patês, biscoitos, bolos e cereais matinais. As carnes e peixes desidratados, defumados ou em conserva também são ricos em sal. Para diminuir o consumo de sal, evite esses alimentos.

Crie o hábito de verificar na embalagem a quantidade de sal do alimento e escolha as marcas com menos sal. Não acrescente sal ao alimento durante o preparo nem à mesa.

Se estiver acostumado a ingerir muito sal, no início vai achar a dieta com pouco sal sem graça, pois leva cerca de um mês para que os receptores do paladar comecem a detectar concentrações menores de sal. Para superar o problema, utilize muita pimenta-do-reino moída na hora, suco de limão, ervas e especiarias no tempero.

Se você sentir que o sal é essencial num determinado prato, utilize sal com baixo teor de sódio ou sal grosso.

Consuma alimentos ricos em potássio

O potássio é um mineral benéfico para os diabéticos. O aumento de potássio na alimentação também reduza pressão arterial. Uma dieta com baixo teor de potássio leva ao aumento do risco de hipertensão e derrame.

Para aumentar a ingestão de potássio, coma mais frutos do mar, frutas frescas (especialmente bananas, damascos, peras e tomates), legumes e verduras (especialmente cogumelos, batata, berinjela, pimentão, abóbora e espinafre), e leguminosas, como ervilhas e feijão verde.

coma mais fibras

Fibras – ou substâncias que auxiliam a digestão – é o termo usado para descrever a parte não digerível do alimento vegetal. A fibra é um tipo de carboidrato e parte essencial da dieta saudável. A fibra dietética está nas frutas, legumes, verduras, nozes, castanhas, sementes e leguminosas.

Por que precisamos de fibras

Apesar de as fibras terem baixo valor nutricional, são extremamente úteis na digestão e na absorção de outros alimentos. Como não possuímos as enzimas necessárias para metabolizar as fibras, elas fornecem a massa que ajuda a parede intestinal a empurrar o conteúdo ao longo do intestino. Além disso, as fibras atuam como uma esponja que retira a gordura e a glicose, diminuindo sua absorção.

As fibras são especialmente úteis para os diabéticos, porque tornam a digestão e absorção de carboidratos mais lenta no estômago e na parte superior do intestino, ou seja, há uma elevação menor da glicemia após a refeição. Quando as fibras são ingeridas regularmente, ajudam a estabilizar o nível de glicose no sangue. Uma dieta rica em fibras também reduz a absorção de colesterol e sua quantidade no sangue (o colesterol alto é comum em pessoas com diabetes tipo 2 e é um fator de risco para doenças cardiovasculares).

Fibras solúveis e insolúveis Existem dois tipos principais de fibras dietéticas: solúveis e insolúveis. Todos os alimentos vegetais contêm os dois tipos, apesar de alguns serem mais ricos em um tipo do que em outro. As fibras solúveis são importantes para a digestão no intestino delgado. As fibras insolúveis são importantes para a fermentação das bactérias no intestino grosso. Os efeitos benéficos sobre a glicose e o colesterol do sangue estão vinculados principalmente às fibras solúveis.

Adote uma dieta rica em fibras

Os alimentos ricos em fibras solúveis são aveia, cevada, centeio, muitas frutas (especialmente figo, damasco, tomate e maçã), legumes e verduras, como cenoura e abobrinha, e leguminosas, como feijão comum.

O consumo de ao menos cinco porções de frutas, legumes e verduras (ou mais, de preferência) garante a ingestão de fibras solúveis e insolúveis. Também existem suplementos de fibras solúveis (contendo goma guar ou pectina). O café-da-manhã é sempre uma boa oportunidade para o consumo de muita fibra: faça um mingau de aveia e müsli; coma pão de centeio torrado; ou acrescente frutas aos cereais e iogurtes.

Quando estiver mudando para uma dieta rica em fibras, aumente as fontes de fibras lentamente, para que o intestino e a flora bacteriana tenham tempo de se ajustar à necessidade de aumentar o processamento necessário (as fibras são fermentadas pelas bactérias saudáveis do intestino). No início você pode ter um pouco de gases, mas assim que se acostumar com a ingestão de uma quantidade maior de fibras, isso passará. Também é importante beber muita água, pois as fibras se dilatam no intestino, e podem causar inchaço e dor se não houver bastante líquido para ajudar na movimentação. Muitos seguidores da dieta rica em fibras poderão se beneficiar da ingestão de suplementos probióticos para garantir o equilíbrio saudável da flora intestinal.

consuma gorduras saudáveis

Em geral, os diabéticos são aconselhados a diminuir a ingestão de gordura, o que dá a impressão de que todas as gorduras são ruins. Na verdade, enquanto muita gordura de alguns tipos faz mal à saúde, outros tipos são benéficos, especialmente as gorduras classificadas como ácidos graxos monoinsaturados (por exemplo, do azeite) e ácidos graxos ômega-3 (dos óleos de peixe). Todos, não apenas os diabéticos, se beneficiam do consumo maior de gorduras saudáveis.

Gorduras saturadas

A gordura saturada é o principal tipo de gordura derivada de produtos animais. A manteiga, o queijo, a banha e o sebo são ricos em gordura saturada. O mesmo acontece com os alimentos industrializados, como bolos, tortas, massas e biscoitos. Os alimentos ricos em gordura saturada têm muitas calorias e devem ter seu consumo limitado para evitar o ganho de peso. Verifique a embalagem dos alimentos: veja a quantidade de gordura saturada em 100 g (ou por porção, se ela for menor que 100 g):

- **1 g de gordura saturada ou menos é uma quantidade pequena.**
- **5 g de gordura saturada ou mais é uma quantidade grande.**

Gorduras monoinsaturadas

As gorduras monoinsaturadas são consideradas saudáveis e é bom aumentar o seu consumo. São encontradas no azeite, no óleo de canola, nas nozes e castanhas (como a macadâmia) e no abacate. Elas reduzem os níveis do colesterol ruim: lipoproteína de baixa densidade (LDL). O colesterol LDL é nocivo porque, com o tempo, se deposita nas paredes das artérias, levando à aterosclerose (*veja p. 22*). Ao consumir mais gorduras monoinsaturadas, você estará não apenas ajudando a preservar a saúde das artérias, mas também se protegendo de doenças coronarianas e de derrames (ambas complicações do diabetes).

O azeite em especial traz resultados benéficos para os diabéticos: tem um efeito positivo nos níveis de insulina e melhora a absorção de glicose pelas células.

A dieta mediterrânea, relacionada à boa saúde cardiovascular, é recomendada por ser rica em gorduras monoinsaturadas. Pesquisadores da Escola de Saúde Pública da Harvard prognosticaram que mais de 80 por cento das doenças coronarianas, 70 por cento dos derrames e 90 por cento dos casos de diabetes tipo 2 poderiam ser evitados com escolhas alimentares compatíveis com a dieta mediterrânea (combinada com a atividade física e o corte de cigarros).

Para aumentar a ingestão de gorduras monoinsaturadas, recomendo que substitua o óleo de cozinha habitual por azeite ou óleo de canola, e utilize o azeite nos molhos. Pesquisas indicam que os diabéticos se beneficiam da substituição de alguns carboidratos da dieta por pelo menos 10 g de azeite por dia, ou, de preferência, 30-40 g diários. Também coma nozes, castanhas e abacate regularmente.

Gorduras poli-insaturadas

Existem dois tipos principais de ácidos graxos poli-insaturados na dieta: ácidos graxos poli-insaturados ômega-3, derivados principalmente dos óleos de peixe e de nozes e castanhas, e os ácidos graxos poli-insaturados ômega-6, derivados predominantemente de óleos vegetais, como o óleo de girassol e de milho. Os ácidos graxos ômega-3 são benéficos para os diabéticos, pois são processados pelo organismo de forma a reduzir as inflamações e a diminuir a densidade do sangue, ajudando a proteger contra as doenças coronarianas e o derrame; por isso, recomendo maior consumo de ômega-3 na forma de óleo de peixe. Nas próximas páginas explicarei com mais detalhes – junto com algumas diretrizes importantes – os benefícios dessa prática.

Em contraste com os efeitos benéficos do ômega-3, a maior parte dos ácidos graxos poli-insaturados ômega-6 promove inflamações no organismo e aumenta a densidade sanguínea. (A exceção é o ácido gamalinoleico, encontrado nos óleos de semente de prímula, de estrela-de-belém e de cassis.) Por isso, uma dieta ideal deveria fornecer o consumo balanceado de não mais do que três vezes a quantidade de ômega-6 do que de ômega-3. Infelizmente, a dieta média no Ocidente contém 7-12 vezes mais ômega-6 (que provoca inflamações) do que ômega-3, e, em consequência, muitas pessoas desenvolvem o endurecimento e espessamento das artérias.

Reduza os produtos industrializados de sua alimentação, pois frequentemente contêm óleos vegetais ômega-6. Em vez de utilizar um óleo vegetal padrão, como o óleo de milho, mude para o azeite.

Gorduras trans

As gorduras trans, conhecidas como não saudáveis, devem ser evitadas na alimentação. Elas se formam quando os óleos poli-insaturados se solidificam em um processo chamado de hidrogenação parcial. Esse processo é utilizado na produção de margarinas e gorduras para cozinhar. Além de estarem presentes nas margarinas e gorduras usadas na culinária, as gorduras trans também são encontradas em salgadinhos e em muitos produtos de confeitaria, como tortas, bolos, biscoitos, pães, massas e sobremesas. As gorduras trans são nocivas porque aumentam os níveis de colesterol LDL (ruim) e reduzem os do colesterol saudável, conhecido como lipoproteína de alta densidade (HDL). Também aumentam a quantidade de um tipo de gordura chamada triglicérides no sangue, que, junto com o colesterol LDL elevado, leva a um risco maior de aterosclerose (*veja p. 22*).

Em 1993, um estudo norte-americano envolvendo 85 mil enfermeiras descobriu uma forte associação entre o consumo de gorduras trans e o aumento do risco de doenças cardiovasculares. As mulheres que ingeriam mais gorduras trans tinham risco 50 por cento maior de sofrer ataque cardíaco em comparação com as que consumiam menos.

As pesquisas também sugerem que as gorduras trans afetam o nível de glicose no sangue. Uma pesquisa publicada em 2001 envolvendo mais de 84.200 mulheres observou que a cada 2 por cento de aumento no consumo de gorduras trans o risco de desenvolvimento de diabetes tipo 2 se elevava em 40 por cento.

Apesar de muitas margarinas e cremes vegetais com baixo teor de gordura estarem sendo reformulados para reduzir o teor de gorduras trans, verifique cuidadosamente a embalagem dos produtos. Evite comprar alimentos que tenham gorduras parcialmente hidrogenadas poli-insaturadas entre seus ingredientes.

Escolha alimentos enriquecidos

Ao comprar alimentos como patês vegetais, iogurtes e leite, opte por produtos enriquecidos com outros ingredientes, como ácidos graxos ômega-3 ou esteróis e estanóis de plantas. Esses alimentos são conhecidos como alimentos funcionais e podem ajudar a melhorar a saúde. Pesquisas mostram, por exemplo, que o consumo de 2 g de esteróis/estanóis por dia pode reduzir o nível do colesterol LDL (ruim) no sangue em até 15 por cento em três semanas.

benefícios do óleo de peixe

O peixe aparece regularmente na alimentação dos povos mais saudáveis do mundo. Povos que seguem dietas como a mediterrânea, a dos esquimós e a japonesa têm incidência menor de doenças cardiovasculares, o que é atribuído à presença de ácidos graxos poli-insaturados ômega-3 nos peixes gordos.

Por que o ômega-3 é tão importante?

O ômega-3 é importante para todos – ele mantém o cérebro e o metabolismo funcionando adequadamente e protege a saúde do coração e dos vasos sanguíneos a longo prazo. Mas é especialmente importante para os diabéticos.

Saúde cardiovascular Os ácidos graxos ômega-3 são convertidos pelo organismo em uma série de substâncias parecidas com os hormônios, que têm efeitos anti-inflamatórios poderosos. Assim, desempenham um papel vital na prevenção da inflamação dos vasos sanguíneos, que pode levar a uma série de problemas cardiovasculares (desde a hipertensão até o derrame). Considerando-se que você corre maior risco quando tem diabetes, é muito importante consumir alimentos com ômega-3. Em um estudo com mais de 11.300 pessoas que sobreviveram a um ataque cardíaco, aquelas que recebiam suplementos de ômega-3 tiveram risco 15 por cento menor de morte, ataque cardíaco e derrame não fatal no período de acompanhamento de três anos e meio em comparação com as pessoas que não tomavam suplementos.

Os efeitos protetores dos óleos de peixe evoluíram no período de quatro semanas de consumo crescente, e continuaram a melhorar. Após dois anos, as pessoas com uma dieta rica em peixe têm probabilidade quase um terço menor de morrer de doença coronariana do que as que consomem pouco peixe.

Depressão Além de proteger o coração e os vasos sanguíneos, o ômega-3 ajuda a aliviar a depressão que pode acompanhar o diabetes. Pesquisas sugerem que certo ácido graxo ômega-3 em particular, encontrado no óleo de peixe (ácido eicosapentaenoico ou EPA), é eficiente contra a depressão. Parece que o EPA intensifica os efeitos dos neurotransmissores cerebrais, como a serotonina, que estão envolvidos no controle do humor. Se você tem tendência à depressão associada ao diabetes, recomendo que tome um suplemento de óleo de peixe.

Como aumentar a ingestão de ômega-3

Para incluir mais ômega-3 em sua alimentação, é preciso aumentar o consumo de peixe (*veja as melhores fontes no quadro abaixo*), ou ingerir mais alimentos que contenham ômega-3 (*veja também no quadro abaixo*). Como alternativa, pode-se tomar um suplemento de óleo de peixe. Como você verá nos programas suave, moderado e força total, no próximo capítulo deste livro, aconselho que todos tomem um suplemento de óleo de peixe diariamente.

Coma mais peixe gordo Se decidiu consumir mais peixe gordo, você deve estar ciente de que deve adotar limites seguros. Apesar dos efeitos importantes na proteção da saúde, o consumo em excesso não é aconselhável, devido à quantidade de poluentes marinhos (dioxinas e metais pesados) que podem conter.

Fontes de ômega-3

Os peixes gordos são ricos nos ácidos graxos ômega-3: anchova (fresca), carpa, salmão (fresco ou defumado), cavala, cavalinha, sardinha (fresca ou em lata), tainha, peixe-espada, robalo, truta, atum (fresco), surubim, pintado e arenque (fresco ou defumado). Outras fontes de ômega-3 são a castanha-do-pará, castanhas-de-caju, algas azul-esverdeadas, nozes, sementes e óleo de linhaça e de cânhamo.

Os efeitos protetivos do óleo de peixe começam após quatro semanas de consumo crescente e continuam a aumentar. Após dois anos, as pessoas com uma dieta rica em peixe têm a probabilidade quase um terço menor de morrer de doença coronariana do que as que comem pouco peixe.

A Food Standards Agency do Reino Unido sugere que homens, meninos e mulheres fora da idade fértil (ou mulheres que não podem ou não querem mais ter filhos) podem consumir até quatro porções de peixe gordo por semana, sem que os possíveis riscos excedam os benefícios conhecidos para a saúde. Moças e mulheres que podem ficar grávidas em algum momento da vida devem limitar o consumo a uma ou duas porções por semana porque os peixes gordos têm capacidade de fixar metais pesados, podendo passar para o bebê. As mulheres grávidas e que amamentam também podem comer de uma a duas porções de peixe gordo por semana (mas devem evitar o cação, o marlim, o peixe-espada e grandes quantidades de atum).

Suplementos de óleo de peixe Os suplementos de óleo de peixe estão livres de poluentes, portanto é seguro ingeri-los diariamente. Porém, aconselho o monitoramento dos níveis de glicose no sangue quando estiver tomando esses suplementos, pois podem ocorrer efeitos peculiares dependendo de sua constituição genética específica. Procure também orientação médica antes de tomar esses suplementos, se tiver problemas de coagulação ou se estiver tomando uma medicação anticoagulante, como a varfarina (pois o óleo de peixe pode aumentar a tendência ao sangramento).

Os suplementos de óleo de fígado de bacalhau são definidos como muito fortes ou superpoderosos, e fornecem uma quantidade maior de ácidos graxos ômega-3. O aumento do consumo de fibras pode melhorar os efeitos da ingestão de suplementos de óleo de peixe. Em um estudo no qual os portadores de diabetes tipo 2 tomaram óleo de peixe, a adição de suplemento de fibras (nesse caso, a pectina) ajudou a diminuir os níveis de triglicérides em 44 por cento.

coma mais frutas e legumes

Muitas pessoas com diabetes vão se beneficiar do consumo de mais frutas, legumes e verduras, pois têm índice glicêmico baixo (*veja p. 47*) e são excelentes fontes de vitaminas, minerais, antioxidantes, fibras e outras substâncias, que combinadas fornecem efeitos positivos no controle da glicose e da sensibilidade à insulina.

Por que as frutas, legumes e verduras são benéficos

Uma das principais substâncias benéficas nas frutas, legumes e verduras são as fibras solúveis (*veja p. 51*), que diminuem a absorção de carboidratos e colesterol durante a digestão e, por sua vez, ajudam a estabilizar os níveis de glicose e colesterol no sangue. Além disso, oferece os seguintes benefícios:

- Frutas, legumes e verduras são ricos em antioxidantes – substâncias que protegem o coração e os vasos sanguíneos. O diabetes aumenta o risco de doença cardiovascular, portanto os antioxidantes são especialmente importantes. Cada porção de frutas, legumes ou verduras que comer diariamente pode reduzir o risco de doença coronariana em 4 por cento, e o risco de derrame em até 11 por cento. A maior proteção vem de verduras verde-escuras e de frutas e legumes ricos em vitamina C, como as frutas cítricas e os pimentões.
- Frutas, legumes e verduras são uma excelente fonte de potássio. Nos diabéticos, os rins têm menor capacidade de expelir o sal e, em consequência, eles correm risco maior de hipertensão. O potássio ajuda os rins a expelir o sódio.
- O folato, vitamina do complexo B, é encontrado nas frutas, legumes e verduras. Esta é a forma natural do ácido fólico e é essencial para equilibrar os níveis do aminoácido homocisteína no sangue. Altos níveis de homocisteína prejudicam as paredes das artérias e estão associados ao desenvolvimento de doenças cardiovasculares.

Quais as melhores frutas, legumes e verduras?

Aconselho o consumo de alimentos variados das categorias abaixo. Além disso, nas páginas 58-61, há uma lista com algumas frutas, legumes e verduras específicos, classificados como superalimentos.

Verduras de folhas escuras Verduras como o espinafre e a couve-manteiga são boas fontes de vitamina C, carotenoides, folato, fibras, cálcio, magnésio, potássio, ferro, manganês e selênio (se cultivadas em solo rico em selênio). O ferro presente no espinafre, na couve e em outras verduras não é tão bem absorvido quanto o ferro encontrado na carne. Contudo, a grande quantidade de vitamina C presente nas verduras de folhas escuras ajuda a potencializar a absorção do ferro. As verduras também contêm antioxidantes que ajudam a proteger contra a degeneração macular (problema dos olhos relacionado ao diabetes).

Leguminosas As leguminosas, como lentilhas, ervilhas e soja são uma rica fonte de hormônios vegetais, conhecidos como isoflavonas, que mantêm a saúde dos vasos sanguíneos. Têm efeito tão poderoso, que o consumo de apenas 25 g de proteína de soja por dia pode reduzir significativamente o risco de doença coronariana.

As leguminosas são uma boa fonte de potássio, cálcio, magnésio e folato. Também contêm quantidades consideráveis de ferro, zinco, manganês, selênio, vitaminas E e do complexo B.

Apesar de as leguminosas fornecerem quase um quinto de seu valor energético na forma de carboidratos, sua digestão lenta e complexa não causa a elevação rápida da glicemia no sangue. Mesmo que muitas leguminosas (com exceção da soja) sejam consideradas uma fonte de proteína de segunda classe, podem ser combinadas com outros alimentos vegetais, como arroz integral ou pão integral, para formar uma fonte de proteína completa, de primeira classe.

Frutas Muitas frutas, apesar de doces, têm índice glicêmico baixo, ou seja, não exercem efeito importante sobre o nível de glicose no sangue. Por exemplo, a polpa da manga tem 14 por cento de açúcar, mas devido ao seu conteúdo de fibra solúvel e ao fato de que a frutose precisa ser inicialmente convertida em glicose, esse açúcar é liberado no sangue relativamente devagar. As mangas são benéficas por conterem 3 g de pigmentos carotenoides antioxidantes em 100 g de polpa. Também contêm uma boa quantidade de vitamina C, fibra, potássio e vitamina E. Mesmo uma banana bem madura, que pode ter até 23 g de açúcar, é um bom lanche, com índice glicêmico moderado.

As frutas cítricas, como laranja, limão-siciliano, limão-taiti e grapefruit, são uma excelente fonte de vitamina C – apenas uma fruta fornece 60 mg por dia. Também contêm bioflavonoides antioxidantes, que previnem o câncer, as doenças cardíacas e as inflamações; e a pectina, que é uma fibra solúvel que diminui os níveis de colesterol LDL (*veja p. 52*). Procure comer uma fruta cítrica por dia.

O abacate é uma boa fonte de ácidos graxos monoinsaturados (*veja p. 52*). Como o azeite, o óleo do abacate tem efeitos benéficos nos níveis de gordura no sangue. O abacate tem mais proteínas do que qualquer outra fruta e um açúcar – a manose – que ajudam a saciar a fome.

Açúcar concentrado em frutas secas

Embora as frutas frescas tenham índice glicêmico baixo, as frutas secas têm alto teor de açúcar, que lhes confere um alto valor glicêmico – tâmaras e figos desidratados contêm mais de 50 por cento de açúcar. Embora se possa comer frutas frescas e legumes à vontade, deve-se restringir o consumo de frutas secas como damascos, figos, tâmaras e ameixas. Para evitar o aumento súbito na glicemia, coma apenas duas ou três no lanche ocasionalmente.

Coma de cinco a dez porções por dia

Tente consumir pelo menos cinco, e de preferência oito a dez porções de frutas, legumes e verduras por dia. As batatas não contam como uma porção porque são constituídas principalmente por amido. Evite comer legumes e verduras enlatados com sal – seus benefícios são neutralizados pelos efeitos negativos do sódio. Cada um dos itens a seguir representa uma porção.

- Uma fruta inteira: maçã, laranja, pera, pêssego, nectarina, kiwi, banana, romã ou outra fruta do mesmo tamanho.
- Duas mexericas, ameixas, damascos, tomates, figos ou outra fruta do mesmo tamanho.
- Uma colher de sopa de frutas secas, como por exemplo castanha-do-pará.
- Um punhado de legumes ou leguminosas picados, como cenoura, repolho, milho, brócolis, feijão, ervilhas, lentilhas ou grão-de-bico.
- Um prato pequeno de salada mista.
- Um prato pequeno de sopa de legumes.
- Um copo de vinho (100 ml), de suco de frutas, legumes ou verduras (vale no máximo uma porção por dia, pois o suco não contém muita fibra).

superalimentos para o diabetes

Recomendo que os diabéticos comam regularmente alguns tipos de alimentos que trazem benefícios à saúde, como a diminuição do colesterol, o fortalecimento dos capilares sanguíneos, a diminuição da pressão arterial e a melhora do controle da glicose. Procure comer pelo menos cinco destes superalimentos por dia, sempre que possível.

superalimento	benefícios	como utilizá-lo
amêndoas Boa fonte de gorduras monoinsaturadas, vitamina E e antioxidantes.	As amêndoas diminuem o colesterol LDL e aumentam o HDL, ajudando a prevenir danos às artérias e reduzindo o risco de complicações do diabetes, como as doenças coronarianas e o derrame.	Coma um punhado (70 g) de amêndoas todos os dias. Como alternativa, triture as amêndoas e misture ao cereal matinal.
maçã Uma das fontes nutricionais mais ricas em flavonoides antioxidantes. Apesar de conter muito açúcar, seu IG é relativamente baixo, ou seja, não provoca o aumento repentino da glicemia.	Nos pré-diabéticos, os flavonoides podem proteger as células produtoras de insulina no pâncreas de danos progressivos. Um estudo com 38 mil mulheres descobriu que as que comiam ao menos uma maçã por dia tinham 28 por cento menos chance de desenvolver diabetes tipo 2 do que as que não comiam maçãs.	Coma maçãs no lanche ou adicione-as à salada de frutas. Coloque a maçã picada no suco de limão para não escurecer.
chocolate É uma fonte rica em flavonoides antioxidantes.	O chocolate amargo pode reduzir a pressão e diminuir a resistência à ação da insulina, nas pessoas com diabetes tipo 2. Verificou-se que os extratos de cacau também reduzem os níveis de glicose.	Escolha o chocolate bem amargo (com pelo menos 70% de cacau), pois ele tem mais cacau e teor de glicose menor que os outros tipos de chocolate. Se estiver tentando perder peso, considere as calorias do chocolate como parte do seu consumo diário.
canela Contém um ingrediente ativo conhecido como chalcone metilidróxido, que imita a insulina.	O consumo regular de canela diminui os níveis de glicemia. A canela também ajuda a baixar o nível de gorduras ruins na circulação sanguínea, que estão associadas ao diabetes.	Evite alimentos calóricos como pães, doces e tortas de maçã industrializadas, que contêm canela. Em vez disso, acrescente canela em pó aos alimentos que você come normalmente: coloque nos cereais ou torradas, ou mergulhe um pau de canela no chá. As pessoas com diabetes tipo 2 devem consumir 1 g por dia para melhorar os níveis de glicose em até 10 por cento.

superalimento	benefícios	como utilizá-lo
gengibre Contém uma substância benéfica conhecida como gingerol.	O gingerol reduz a viscosidade do sangue, melhora a circulação e diminui a pressão. Pesquisas sugerem que o gengibre aumenta a secreção de insulina e melhora a absorção de glicose pelas células de gordura. Pesquisas preliminares sugerem ainda que o gengibre também pode reduzir os danos renais associados ao diabetes.	Pique bem o gengibre e junte aos refogados de legumes e verduras. Adicione à sopa de cenoura ou de repolho, para dar mais sabor. O gengibre combina com o alho – misture-os no arroz.
grapefruit Rico em antioxidantes (o grapefruit rosado tem mais flavonoides e antocianinas do que o grapefruit branco). Deve ser evitado se você toma determinados medicamentos, inclusive as estatinas (*veja p. 26*). Leia a bula do remédio.	Tanto o grapefruit rosado quanto o branco reduzem o colesterol LDL (o branco em até 7 por cento, e o rosado em até 15 por cento). A fruta também reduz os níveis de triglicérides (o branco em até 5 por cento, e o rosado em até 17 por cento).	Coma grapefruit no café-da- manhã ou como entrada, na refeição principal. Pique e junte às saladas de frutas ou beba suco de grapefruit preparado na hora.
uvas (verdes e roxas) São uma rica fonte de substâncias antioxidantes, como o resveratrol.	O resveratrol reduz a pressão e ajuda a evitar danos às artérias. Compostos encontrados nas uvas roxas podem aumentar a produção de insulina nos portadores de diabetes tipo 2.	Coma uvas e misture-as aos cereais e saladas de frutas. Beba suco de uva feito na hora. O vinho tinto (*veja p. 61*) também é uma boa fonte de resveratrol.
kiwi Uma rica fonte de vitamina C e de outros antioxidantes.	O consumo diário de kiwis pode baixar o nível de triglicérides e reduzir o risco de coágulos no sangue. Uma dieta rica em vitamina C ajuda a evitar doenças coronarianas, derrame e catarata (que os diabéticos têm maior propensão a desenvolver).	Prepare vitaminas ricas em antioxidantes com kiwis. Use em saladas de verduras ou de frutas. Para lanches, corte uma extremidade da fruta e coma-a como se fosse um ovo quente.
macadâmia É a mais rica fonte de gordura monoinsaturada (81 por cento do óleo de macadâmia é monoinsaturado).	Pode ajudar a baixar o colesterol e a reduzir o risco de doenças coronarianas.	Coma um punhado no lanche, junte aos cereais, sobremesas, iogurtes e saladas; e use o óleo nos molhos.

superalimento	benefícios	como utilizá-lo
azeite Boa fonte de gorduras monoinsaturadas e antioxidantes, como a vitamina E, carotenoides e polifenóis.	A dieta rica em azeite diminui a pressão e reduz o risco de doenças coronarianas em até 25 por cento.	Faça do azeite seu óleo de cozinha padrão. Regue o pão com azeite. Misture o azeite e o vinagre balsâmico e passe a mistura na torrada ou no pão fresco.
laranja Tem níveis altos de vitamina C, que é antioxidante, e de antocianidinas e flavonoides.	As substâncias presentes nas laranjas podem estimular a produção de insulina e melhorar a tolerância à glicose.	Coma laranja sozinha ou na salada de frutas. Beba suco de laranja espremido na hora.
ameixa Boa fonte de antioxidantes.	Um estudo preliminar sugere que as substâncias da ameixa podem melhorar a sensibilidade das células de gordura à insulina e diminuir níveis de glicemia e de triglicérides no sangue.	Acrescente ameixas picadas aos cereais matinais ou a saladas de frutas. Coma no lanche e misture-as ao iogurte desnatado, para obter uma sobremesa saudável.
romã Fonte incomum de antioxidantes, rica em polifenóis e antocianina.	O suco de romã, se consumido diariamente, baixa o colesterol LDL e pode reduzir a pressão sistólica em até 5 por cento.	Compre suco de romã fresco ou prepare em casa. Coma sementes de romã ou adicione-as às saladas.
soja Rica em isoflavonas (hormônios vegetais).	Provou-se que a dieta à base de soja melhora a função renal, tanto em adultos jovens com diabetes tipo 1, quanto em pessoas mais velhas com diabetes tipo 2. O consumo regular de proteína de soja também pode baixar o colesterol LDL e reduzir o risco de doenças coronarianas. O leite de soja enriquecido com cromo foi utilizado experimentalmente para melhorar o controle da glicose.	Coloque os grãos de soja nas sopas, cozidos e refogados. Acrescente a proteína de soja em pó às vitaminas.
especiarias Contêm vários óleos e antioxidantes.	Feno-grego, cúrcuma, cominho, em grão, sementes de mostarda e folhas de curry são conhecidas por ajudarem a baixar o nível de glicose no sangue.	Procure receitas de curry e quaisquer outros pratos que levem estas especiarias. Utilize-as regularmente.
chá (em especial o verde e o branco) Contém catequinas, antioxidantes que aumentam a sensibilidade à insulina.	Em um estudo, os portadores de diabetes tipo 2 que beberam 1,5 litro de chá verde ou branco diariamente, durante 30 dias, reduziram os níveis de glicose em até 30 por cento, em comparação com período semelhante em que beberam apenas água.	Beba várias xícaras de chá diariamente. Prefira o chá verde ou branco ao chá preto. O chá branco contém cerca de 15 mg de cafeína por xícara, o chá verde contém 20 mg por xícara e o chá preto, 40 mg por xícara.

superalimento	benefícios	como utilizá-lo
tofu Assim como os outros produtos derivados da soja, o tofu é rico em isoflavonas.	Os benefícios do tofu são os mesmos da soja (*veja na página ao lado*). Veja também a p. 143.	Encontre receitas que utilizem tofu como ingrediente principal. Experimente a receita de tofu marinado e assado da p. 169.
tomate Ótima fonte de licopeno, um pigmento vermelho antioxidante liberado em quantidades maiores no cozimento.	O licopeno protege o organismo de coágulos no sangue, associada ao ataque cardíaco e ao derrame. O consumo de suco de tomate pode proteger o portador de diabetes tipo 2 dos danos arteriais provocados pelo colesterol LDL, quase no mesmo nível de uma dose alta de suplementos de vitamina E.	Beba suco de tomate regularmente. Cozinhe os tomates para liberar mais licopeno – grelhe, asse no forno ou frite com um pouco de azeite. Apesar de conter licopeno, o ketchup não é a melhor fonte, já que provavelmente irá consumi-lo em pequenas quantidades, além de ter a desvantagem de conter sal.
nozes Rica fonte de ácidos graxos ômega-3.	Estudos demonstram que a ingestão de 30 g de amêndoas por dia diminui o colesterol LDL o suficiente para reduzir o risco de ataque cardíaco em até 30-50 por cento. O consumo diário de 84 g de nozes por quatro semanas reduziu o nível de colesterol total 12 por cento mais do que em um grupo de controle que não consumiu nozes (e o colesterol LDL baixou até 16 por cento).	Faça o seu próprio müsli rico em nozes ou misture-as ao cereal matinal. Adicione aos iogurtes e saladas. Faça molhos utilizando o óleo de nozes.
vinho (tinto) Rica fonte de antioxidantes, como o resveratrol.	O vinho é a única bebida alcoólica que, ingerida com moderação, protege o organismo contra o diabetes tipo 2 (em vez de aumentar o risco). O consumo diário de 150 ml pode diminuir o risco de doenças coronarianas em até 33 por cento (uma quantidade maior que isso reduz os benefícios). O resveratrol pode melhorar a função renal, a resistência à insulina e diminuir os altos níveis de insulina no diabetes tipo 2.	Beba um copo (150 ml) diariamente.
frutas e legumes amarelos/ alaranjados Ótimas fontes de carotenoides antioxidantes.	As pessoas que consomem grandes quantidades de carotenoides têm metade da probabilidade de ter baixa tolerância à glicose do que as que consomem pequenas quantidades.	Cenoura, batata-doce, goiaba, manga e abóbora devem fazer parte do seu cardápio diário.

suplementos para o diabetes

Em um mundo ideal, você deveria retirar da alimentação todos os micronutrientes de que necessita, mas pesquisas mostram que, na realidade, poucas pessoas conseguem isso – em parte porque escolhem alimentos não saudáveis, e em parte porque as técnicas de cultivo intensivo reduzem a qualidade nutricional do solo onde os produtos crescem ou são cultivados. Além disso, muitas safras amadurecem depois de colhidas, viajam pelo mundo e são congeladas e armazenadas antes de processadas, reduzindo os nutrientes ainda mais.

Suplementos ajudam a controlar a glicose

Um bom controle da glicose depende de várias vitaminas, minerais, oligoelementos e outros micronutrientes. A ingestão de suplementos pode melhorar a glicemia e as concentrações de HbA1c (*veja p. 19*) e favorece as pessoas com síndrome metabólica e diabetes tipo 1 ou 2. Para informações sobre suplementos fitoterápicos, que ajudam no controle da glicose, consulte as pp. 32-33, e para as ervas aiurvédicas, veja a p. 34.

suplemento	resultados de pesquisas	dosagem e comentários
cromo Um oligoelemento essencial, necessário para formar um composto conhecido como fator de tolerância à glicose (FTG). Pesquisas mostram que os diabéticos têm níveis de cromo bastante inferiores dentro das células, se comparados aos não portadores, e tendem a perder duas vezes mais cromo pela urina.	A ingestão de suplementos de cromo ajuda na produção de FTG suficiente, que melhora a sensibilidade à insulina, estimula a absorção de glicose pelas células e ajuda a metabolizar a glicose para produzir energia. Melhora também os níveis de colesterol, tem ação antioxidante e pode diminuir o apetite. Todos esses efeitos favorecem os diabéticos. Os suplementos conseguem diminuir a glicemia só quando há deficiência de cromo.	A dose comum é 200 mcg por dia. Para quantidades maiores, consulte o médico. Os melhores suplementos já contêm cromo incorporado no FTG de culturas de fermento enriquecidas com cromo, portanto estão "prontas para o corpo". Os suplementos que contêm cromo inorgânico em geral estão combinados com a vitamina B3 (niacina) derivativa (nicotinato ou polinicotinato de cromo). Isso porque o cromo ligado à niacina é absorvido e retido 600 por cento mais do que o clorato de cromo, e 300 por cento mais do que o picolinato de cromo.
ácido linoleico conjugado (CLA) É formado pelas bactérias do estômago de animais ruminantes, como a vaca e o carneiro. Portanto, suas fontes são as carnes bovinas e de cordeiro e os laticínios – o organismo em si não produz CLA.	O CLA reduz a inflamação, promove a dilatação das artérias e ajuda a evitar coágulos no sangue. O CLA ajuda a reduzir a obesidade central (na qual a gordura se deposita na cintura) e melhora a sensibilidade à insulina.	Uma dieta média fornece 100-300 mcg por dia, mas os efeitos mais benéficos ocorrem com a ingestão diária de 3-6 g, possível com o uso de suplementos (em geral, divididos em duas doses). Os produtos com 75 por cento de CLA, pelo menos, oferecem mais benefícios.

suplemento	resultados de pesquisas	dosagem e comentários
magnésio A falta de magnésio está associada à resistência à insulina e à intolerância à glicose. Estudos mostram que os diabéticos têm probabilidade três vezes maior de apresentar níveis baixos de magnésio do que os não diabéticos, embora o motivo disso não seja ainda claro.	Os suplementos melhoram a glicemia, a sensibilidade à insulina e os níveis de HbA1c (em comparação com as pessoas sob efeito de placebos). Uma análise de mais de 250 mil pessoas demonstrou que, para cada 100 mg a mais na quantidade de magnésio consumido por dia, na alimentação ou em suplementos, o risco de desenvolver diabetes tipo 2 diminuiu em até 15 por cento.	Em geral, os suplementos de magnésio são tomados em doses de 150-300 mg por dia, mas a ingestão de até 400 mg diários não está associada a efeitos adversos. Tome o suplemento durante as refeições para otimizar a absorção. O citrato de magnésio é absorvido mais facilmente, enquanto o gluconato de magnésio tem menos probabilidade de provocar efeitos colaterais, como diarreia.
vanádio Um oligoelemento cuja função exata não está clara.	Está provado que o vanádio melhora o controle da glicemia e tem efeitos benéficos nos níveis de gordura no sangue. Nas pessoas com diabetes tipo 2, os suplementos de vanádio diminuíram a concentração de glicose no sangue em até 20 por cento, sendo que os efeitos benéficos perduraram por quatro semanas após a suspensão do suplemento.	O uso de vanádio permanece controverso, pois a sua segurança a longo prazo não foi avaliada, e doses altas podem causar problemas hepáticos e renais. Algumas multivitaminas e suplementos minerais contêm cerca de 10 mcg de vanádio em forma de sulfato de vanádio ou sulfato de vanádio combinado com maltol (que estimula sua atividade biológica). Não tome mais que 1 mg por dia, exceto sob orientação médica. Os alimentos ricos em vanádio são salsinha, pimenta-do--reino, frutos do mar (especialmente lagostas e ostras), rabanete, alface, grãos integrais, sementes de girassol, soja, trigo-sarraceno, cenoura e alho.
zinco Um oligoelemento essencial.	O zinco é especialmente importante para a produção, armazenamento e secreção da insulina. Uma hipótese sugere que, em algumas pessoas, o diabetes tipo 2 pode ser resultado de uma incapacidade hereditária de transportar zinco suficiente para as células. Os resultados da ingestão de suplementos de zinco não são claros; estudos mostram que os suplementos podem ajudar a diminuir a glicemia nos portadores de diabetes tipo 1, mas não parecem ter o mesmo efeito nas pessoas com diabetes tipo 2 (talvez porque não tenham capacidade de transportar o zinco para o pâncreas, onde ele é necessário).	A tendência é tomar os suplementos em doses diárias de 10-15 mg. Doses maiores podem provocar enjoo, mas um limite superior seguro de 25 mg por dia foi sugerido para uso a longo prazo. O zinco está presente nos seguintes alimentos: carne vermelha, frutos do mar (especialmente ostras), miúdos, grãos integrais, leguminosas, ovos e queijos.

Suplementos que ajudam nas complicações do diabetes

As complicações resultantes do diabetes ameaçam a sua saúde a longo prazo. Parte essencial dos cuidados com o diabetes consiste na prevenção de problemas nos olhos, rins, sistema nervoso e circulação.

Está provado que todos os suplementos mencionados a seguir ajudam de várias maneiras a combater as complicações decorrentes do diabetes. Alguns suplementos, como a vitamina C, têm papel importante na prevenção de complicações. Outros, como a vitamina B6, reduzem os sintomas das complicações.

suplemento	resultados de pesquisas	dosagem e comentários
vitamina B6 As vitaminas do complexo B são encontradas em grãos integrais, peixes gordos e produtos derivados da soja.	Apesar de as evidências não serem conclusivas, a vitamina B6 pode reduzir os sintomas de danos nos nervos.	Certo estudo demonstrou que a ingestão diária de 50 mg por 4 meses melhorou significativamente os sintomas decorrentes de danos aos nervos.
ácido fólico A forma sintética do folato.	Diminui os níveis de homocisteína (níveis altos estão associados ao endurecimento e obstrução das artérias; *veja p. 22*) e o risco de problemas cardiovasculares. Também pode reduzir o risco de danos aos nervos (até agora ainda não comprovado).	Em geral, a dosagem máxima recomendada de ácido fólico está estabelecida em 1.000 mcg (equivalente a 1 mg) por dia, apesar de doses diárias de 5 mg ou mais poderem ser ingeridas sob supervisão médica.
vitamina C Uma vitamina antioxidante, solúvel em água, encontrada nas frutas cítricas e nos brotos de legumes e verduras. Se você tem problemas renais ou hemocromatose, consulte o médico sobre a ingestão de suplementos.	Ajuda a evitar as complicações do diabetes, impedindo que as moléculas de glicose prejudiquem o corpo (entre outras ações). A vitamina C também diminui o risco de catarata.	Uma dose de 250 mg-2g por dia ajuda a evitar muitas complicações do diabetes. Observou-se que a dose diária de 300 mg diminui em 70 por cento a possibilidade de desenvolver catarata.
vitamina E Uma vitamina antioxidante solúvel em gordura e encontrada em peixes gordos, abacate, nozes e sementes.	Diminui o risco de catarata e de doenças coronarianas.	Em geral, sugere-se uma dose diária de 1 g, no máximo. A ingestão diária de 67 mg durante dois anos, pelo menos, reduz em 40 por cento o risco de doença coronariana.
coenzima Q10 Um antioxidante que trabalha em conjunto com a vitamina E.	Previne doenças cardiovasculares. Também pode melhorar o controle da glicemia. Os suplementos de coenzima Q10 são recomendados caso você tome medicamentos com estatinas para colesterol alto (as estatinas bloqueiam a produção da coenzima Q10 no corpo).	10-120 mg por dia. Quantidades superiores a 600 mg só devem ser ingeridas sob supervisão médica.

suplemento	resultados de pesquisas	dosagem e comentários
selênio Um mineral importante, com ação antioxidante.	Melhora o controle da glicemia no organismo e previne as doenças cardiovasculares.	50-200 mcg por dia.
magnésio Um mineral essencial encontrado em frutos do mar, carne, laticínios, leguminosas e nozes.	Reduz o risco do desenvolvimento de úlceras no pé diabético e previne doenças coronarianas.	300 mg diários.
carotenoides Pigmentos encontrados nas verduras de folhas verde-escuras, como o espinafre, e nas frutas e legumes amarelos/cor de laranja/vermelhos.	Dois carotenoides conhecidos como luteína e zeaxantina podem proteger os olhos de problemas relacionados ao diabetes. Quanto maiores os níveis do carotenoide conhecido como licopeno, menor a probabilidade de ataque cardíaco.	6-15 mg por dia. Uma dose de 10-30 mg de luteína por dia ajuda a proteger a visão.
extrato de casca de pinheiro marítimo (Pycnogenol®) Antioxidante poderoso. Intensifica os efeitos de outros antioxidantes, como a coenzima Q10 e as vitaminas C e E, por isso eles geralmente são combinados nos suplementos.	Pode reduzir o risco de doenças cardiovasculares e impedir a progressão da retinopatia diabética (*veja p. 20*).	50-200 mg diários. Pesquisas demonstram que a ingestão de 50 mg três vezes por dia, durante dois meses, pode produzir uma melhora significativa da visão. A dose de 125 mg é tão eficiente quanto 500 mg de aspirina, na redução da coagulação sanguínea anormal, mesmo em fumantes.
extrato de gingko biloba É o extrato da nogueira-do-japão (gingko biloba).	Estimula o fluxo sanguíneo em todo o corpo, o que pode melhorar a visão. Nos homens, melhora a capacidade de obter e manter a ereção (devido ao aumento do fluxo sanguíneo nos olhos e no pênis).	120 mg diários.
ácido alfalipoico (ALA) Tem ação antioxidante e intensifica a eficiência das vitaminas C e E.	Pode prevenir danos nervosos e renais.	As pesquisas demonstram que a ingestão de 600 mg de ALA por dia pode ajudar na preservação da saúde do sistema nervoso e da função renal. Procure orientação médica antes de tomar ALA.
padma 28 Medicamento tibetano que contém um complexo de 19 ervas medicinais tibetanas (entre as quais musgo-da-islândia, sândalo vermelho, cardamomo, pimenta-da-jamaica, alcaçuz, cravo-da-índia, alpínia e calêndula).	Reduz a inflamação nas paredes arteriais e promove sua dilatação. É utilizado no tratamento da dor provocada pela doença arterial periférica.	1-2 comprimidos por dia.
alho O alho contém uma substância benéfica conhecida como alicina.	Previne problemas cardiovasculares.	1.000-1.500 mcg por dia.

mudanças da rotina

Além de apresentar a abordagem complementar e nutricional do diabetes, também recomendo que analise objetivamente o seu estilo de vida e veja se existem mudanças positivas a serem feitas. Essas mudanças podem ter um impacto radical sobre o controle da glicemia e o risco de desenvolver complicações. Nesta parte, explico em detalhes os benefícios de algumas mudanças no estilo de vida. Também ofereço informações práticas de como iniciar esse processo.

- Caso fume, deixar o cigarro pode ajudá-lo a ter uma vida muito mais longa e saudável.
- As bebidas alcoólicas dentro de limites recomendados podem melhorar o controle do diabetes. Para os que gostam de beber moderadamente, a boa notícia é que uma ou duas doses por dia fazem bem. Já três ou mais doses diárias são prejudiciais.
- Emagrecer deverá ser uma prioridade se estiver acima do peso. Livrar-se do excesso de gordura pode melhorar o controle da glicemia, diminuir a pressão sanguínea e os níveis de gordura no sangue. Se tiver diabetes tipo 2, a perda de peso pode ajudar a reduzir a resistência à insulina.
- Também é importante observar seus níveis de atividade. Você pratica exercícios regularmente ou tem um estilo de vida sedentário? Mesmo um aumento relativamente pequeno em seu nível de atividade pode torná-lo menos resistente à insulina, se tiver diabetes tipo 2. O exercício também traz benefícios importantes para a saúde do sistema cardiovascular, além de ajudar a perder e a manter o peso.

Combata o estresse

O controle do estresse é importante nos diabéticos. Quando os hormônios do estresse são liberados, o nível de glicose sobe e fica mais difícil de controlar. Além disso, você pode responder ao estresse ingerindo doces, fumando ou bebendo álcool – tudo isso traz efeitos adversos para os níveis de glicose no sangue. Sempre que perceber que o estresse está aumentando, dê um tempo para relaxar – o ideal são 15 minutos. Mesmo se estiver ocupado no trabalho, um intervalo é importante e pode ajudar a reavivar o foco e a concentração. Se estiver sentado, mude de posição. Se possível, sente-se calmamente em um local tranquilo, ao ar livre. Tente uma das técnicas de relaxamento descritas na Parte 3 (*como nas pp. 93-94*) ou escute uma fita de relaxamento/visualização orientada com fones de ouvido. Se estiver em casa, deite-se no chão na postura do cadáver (*veja p. 129*). Contraia todos os músculos de uma vez – da cabeça até os pés. Depois deixe todos os músculos relaxarem simultaneamente. Permaneça na postura do cadáver por dez minutos pelo menos. Uma outra técnica útil para lidar com o estresse é o *biofeedback* (*veja p. 43*). Você pode comprar equipamentos de *biofeedback* pela internet. Se seu nível de estresse estiver muito alto e não responder à autoajuda, considere unir-se a um grupo de terapia, que o ajudará a controlar o estresse associado ao diabetes, evitar a culpa e melhorar a sua capacidade de superação. Peça ao seu médico uma indicação de terapia em grupo.

o cigarro e o álcool

O fumo e o diabetes

Além de terem maior probabilidade de desenvolver diabetes tipo 2, os fumantes, uma vez diabéticos (tipo 1 ou 2), terão um risco muito maior de desenvolver complicações do que os não fumantes. Pesquisas mostram que, se você fuma e é diabético, tem mais probabilidade de desenvolver retinopatia diabética, doenças cardiovasculares, neuropatia e problemas renais – e morrer mais jovem por causa disso.

Métodos para deixar de fumar

Uma das principais ferramentas para ajudá-lo a parar de fumar é a terapia de reposição da nicotina, em forma de adesivos transdérmicos, goma de mascar, inalante, spray nasal ou microcomprimidos. Pesquisas mostram que a combinação da terapia de reposição da nicotina com apoio e aconselhamento médico tem uma probabilidade 26 por cento maior de funcionar do que se não tiver nenhum acompanhamento.

Uma outra abordagem é o método de redução gradual, no qual você coloca um líquido chamado NicoBloc (importado, vendido pela internet) no filtro do cigarro pouco antes de fumar. Ele bloqueia a nicotina e o alcatrão que de outro modo você inalaria. Um teste com 800 fumantes constatou que 60 por cento pararam de fumar sem sintomas de abstinência significativos após um programa de redução gradual de seis semanas. A hipnose também parece ajudar um em cada três fumantes a parar de fumar. As dicas seguintes podem ajudar:

- **Marque um dia para parar. Escolha uma época em que esteja motivado. Leia um livro de autoajuda para fumantes.**
- **Jogue fora todos os cigarros, fósforos, isqueiros e cinzeiros antes do dia programado para parar.**
- **Veja se consegue fazer um amigo ou familiar parar de fumar junto com você.**
- **Faça um quadro e anote cada dia sem cigarro.**
- **Mantenha as mãos ocupadas com uma atividade criativa para ajudar a controlar o hábito de levar a mão à boca.**
- **Faça exercícios que ajudem a moderar os sintomas da abstinência.**
- **Evite situações nas quais costumava fumar.**
- **Quando tiver vontade de fumar, tente tragar cigarros artificiais ou de ervas. Mastigue cenoura e aipo em palitos, fatias de maçã ou alcaçuz.**
- **Controle a vontade de fumar tomando um floral, como *Rescue,* por exemplo. Ou experimente produtos de óleos essenciais próprios para reduzir essa compulsão (consulte o farmacêutico).**
- **Aprenda a dizer: "Não, obrigado, parei de fumar", ou "Não, obrigado, estou reduzindo o cigarro".**

Álcool e diabetes

Se você é diabético, beber uma ou duas doses de álcool por dia é benéfico, pois diminui o estresse, baixa a pressão, afina o sangue e aumenta os níveis do colesterol HDL (bom), enquanto diminui o colesterol LDL (ruim). Em vez de tomar bebidas alcoólicas cheias de açúcar, escolha um champanhe, um vinho branco seco ou um tinto antioxidante. Num estudo envolvendo 129 mil pessoas, o consumo de vinho diminuiu consideravelmente o risco de morte por problemas cardiovasculares em até 30 por cento nos homens e 40 por cento nas mulheres, em comparação com as pessoas que tomavam destilados.

Evite beber mais que duas ou três doses de álcool por dia – o que aumenta a resistência à insulina e o risco de hipertensão, arritmia cardíaca, alterações na gordura do fígado, obesidade e hipoglicemia. Controlar consumo de álcool é uma maneira fácil de cortar calorias, se quiser perder peso. Uma dose de álcool equivale a:

- **300 ml de cerveja**
- **100 ml de vinho (com 10 por cento de álcool)**
- **50 ml de vinho de porto**
- **25 ml de bebida destilada**

faça exercícios regulares

Embora seja aconselhável fazer exercícios regularmente para permanecer em forma e saudável durante a vida, esta recomendação é particularmente relevante quando se é diabético. Mesmo pequenos aumentos no nível de atividade física diária podem ajudar. Se tiver dúvidas relativas à quantidade de exercícios que pode praticar, consulte o médico.

Como o exercício ajuda o diabético

Os exercícios regulares são tão eficientes na redução da resistência à insulina e no controle da glicose, que podem prevenir o desenvolvimento do diabetes tipo 2 – mesmo em pessoas com tolerância à glicose alterada – e reduzir o risco do desenvolvimento de complicações nos já diabéticos. Em algumas pessoas com diabetes tipo 2, os exercícios podem melhorar tanto a glicemia, que o médico pode considerar a redução da medicação. O exercício ajuda a baixar um nível alto de glicose, das seguintes maneiras.

- Muda a estrutura das células musculares, de forma que elas podem absorver mais glicose do sistema circulatório.
- Aumenta a quantidade de glicose queimada.
- Duplica a quantidade de glicose convertida em combustível de emergência (glicogênio) para uso futuro.
- Combinado com uma alimentação saudável, o exercício ajuda a emagrecer. A perda de peso também tem efeito positivo sobre o controle da glicemia.

Exercício e boa forma

Muitas pessoas com diabetes tipo 2 herdaram genes que tendem a formar depósitos de gordura ao redor dos órgãos internos e da cintura – o chamado "formato de maçã". Esse tipo de gordura, conhecido como gordura visceral, diminui rapidamente com exercícios regulares que também podem melhorar a proporção entre a cintura e o quadril. Já está provado que correr, remar ou andar de bicicleta por 45 minutos três vezes por semana diminui o peso em cerca de 3 por cento, ao longo de um ano, com maior perda de gordura na cintura. Isso pode ocorrer mesmo se você não fizer nenhuma mudança na alimentação. Apesar de muitas pessoas desconsiderarem a ideia de exercícios localizados, na cintura eles podem ser muito eficientes. Os exercícios abdominais apresentados nas pp. 82-97 podem melhorar significativamente a relação cintura/quadril, tonificando os músculos abdominais e estimulando a movimentação e queima da gordura visceral. Ficar em boa forma também pode melhorar a sua autoestima.

Comece a se exercitar

Aos poucos, torne-se mais ativo no dia-a-dia. Por exemplo, caminhe em vez de dirigir.

→

Depois de uma semana aumentando a atividade diária, comece a exercitar-se calmamente 30 minutos por dia. Ande, de bicicleta, corra ou faça caminhadas em ritmo acelerado.

→

Aumente gradualmente a intensidade e a duração. Chegue a 45 minutos por dia, com 100 batimentos por minuto.

Crie um programa de exercícios

Inicie uma rotina de exercícios lentamente e aumente sua intensidade e duração ao longo de várias semanas. Comece caminhando ou andando de bicicleta (em vez de usar o carro) quando precisar se deslocar por distâncias curtas. Ofereça-se para passear com o cachorro de um amigo ou familiar; ou desça do ônibus um ponto antes do que de costume e ande o restante do caminho. Torne os exercícios interessantes e agradáveis, variando o caminho ou andando em parques ou lugares bonitos. Em casa, fique ativo, dedicando-se mais às atividades domésticas e à jardinagem. No trabalho, utilize as escadas em vez do elevador, e faça uma caminhada na hora do almoço.

Vale a pena entrar em um grupo de caminhada – fazer parte de um grupo e encontrar novos amigos também ajuda na motivação. Uma outra dica preciosa é comprar um pedômetro, que pode ser preso na roupa e mede o número diário de passos. Para ficar em forma, procure caminhar 10 mil passos, ao menos, todos os dias.

Quanto exercício? Melhorando o seu condicionamento físico, seu objetivo será praticar 30 minutos, pelo menos, de exercícios diários. Pode ser algum tipo de exercício aeróbico ou cardiovascular, como natação, bicicleta, caminhadas em ritmo acelerado ou corridas. À medida que suas aptidões melhorarem, torne os exercícios mais intensos, por exemplo, nadando mais rápido ou fazendo caminhadas em subidas. Em geral, recomenda-se que, uma vez que esteja relativamente apto, você faça exercícios com ritmo suficiente para elevar o pulso a 100 batimentos por minuto (BPM), transpirar e ficar ligeiramente sem fôlego – mas não tanto que não consiga manter uma conversa. Para recomendações detalhadas sobre a intensidade do exercício, segurança, precauções e relaxamento, veja as pp. 80-81.

Outros tipos de exercício Você obterá bons resultados se fizer um treino de resistência (usando pesos) junto com os exercícios aeróbicos. Assim, ampliará os benefícios gerais do exercício: sua resistência à insulina e densidade muscular aumentarão e a cintura diminuirá (mais do que se fizesse apenas exercícios aeróbicos). Comece o treino de resistência com pesos ou outros equipamentos domésticos para ginástica; ou frequente uma academia. Para completar seu programa, faça alguns exercícios leves de alongamento, que tonificam, relaxam e endireitam seu corpo. O chi kung e a ioga são ideais (*veja p. 40*).

Mantenha uma rotina de exercícios O aumento de atividade física deve ser para toda a vida, uma vez que seus efeitos duram pouco tempo. Um estudo com adultos de meia-idade descobriu que os efeitos benéficos dos exercícios sobre a tolerância à glicose duraram apenas três dias. Exercite-se a cada três dias pelo menos – de preferência todos os dias – durante 30 minutos, para conseguir resultados a longo prazo no controle da glicemia.

O exercício e a glicose no sangue

Se tiver diabetes tipo 1, o exercício pode fazer o seu nível de glicose no sangue cair a ponto de correr risco de hipoglicemia (*veja p. 25*). É importante consultar o médico sobre como minimizar esse risco antes de iniciar uma rotina de exercícios. Ele explicará como adaptar seu regime de insulina e consumo de carboidratos quando estiver se exercitando. Será necessário monitorar o nível de glicose no sangue antes e depois do exercício. Também deverá ter acesso imediato a um carboidrato de rápida absorção (por exemplo, 55 ml de bebida energética com alto teor de glicose, ou 100 ml de bebida à base de cola), no caso de começar a ficar hipoglicêmico. Como regra geral, não se exercite quando seu nível de glicose estiver acima de 15 mmol/l (270 mg/dl), e consuma carboidratos adicionais antes do exercício, se a glicemia estiver abaixo de 7 mmol/l (126 mg/dl). Em geral, os exercícios não provocam hipoglicemia nos portadores de diabetes tipo 2.

mantenha um peso saudável

Se você estiver muito pesado – especialmente ao redor da cintura –, isso pode piorar significativamente sua capacidade de controlar a glicemia. O excesso de peso também o deixa mais resistente à ação da insulina e aumenta o risco de hipertensão, doenças coronarianas e derrame. Perder peso pode fazer uma diferença enorme no seu bem-estar e na sua capacidade de controlar o diabetes, no curto ou longo prazo. Se for obeso, perder 10 kg pode reduzir em até 20 por cento o risco de morte prematura, e em 30 por cento o de morte associada ao diabetes.

Você está acima do peso?

Se sua cintura medir mais que 102 cm (homem) ou 88 cm (mulher), você está acumulando gordura em excesso na cintura. Isso o coloca entre as pessoas com mais risco de ter problemas de saúde. Se você for de origem asiática, os números são 90 cm (homem), e 80 cm (mulher). Mesmo as pequenas reduções de peso significam uma melhora importante no controle do diabetes e no risco de complicações futuras. Perder 5-10 cm de cintura pode diminuir bastante o risco de ataque cardíaco. Para encorajá-lo, saiba que a gordura ao redor da cintura e dos órgãos internos é mais fácil de perder do que a depositada nos quadris – os exercícios para afinar a cintura na Parte 3 deste livro irão ajudar.

Uma outra maneira de avaliar o peso é medindo o índice de massa corporal (IMC). Divida o peso (em quilos) pelo quadrado de sua altura (em metros). O resultado é interpretado a seguir, com base na Organização Mundial de Saúde (1998):

- Menor que 18,5: abaixo do peso.
- Entre 18,5 e 24,9: peso saudável.
- Entre 25 e 29,9: sobrepeso.
- Maior que 30: obesidade.

Se seu IMC for maior que 35, você tem 40 vezes mais probabilidade de ter diabetes tipo 2 mal controlada do que uma pessoa com o peso normal. Se atingir a faixa de peso saudável, poderá reduzir consideravelmente o risco de desenvolver complicações. E até poderá ter a glicemia normalizada novamente. Veja o seu peso no quadro da página ao lado e localize a faixa de peso ideal que deve ser atingida.

Perca peso

Existem vários tipos de dietas para perder peso disponíveis para diabéticos (*veja abaixo*). Recomendo a dieta de IG baixo, mas você deve conversar com o médico sobre qual a dieta mais adequada ao seu caso. O médico poderá reduzir ou até suspender a medicação se você estiver restringindo a alimentação, especialmente se diminuir a ingestão de açúcares simples (*veja p. 45*). Se tiver dificuldade para perder peso, pergunte ao médico se a medicação contribui para isso e, em caso afirmativo, se existem alternativas disponíveis.

- Dietas de baixas calorias – fornecem 1.000-1.500 quilocalorias por dia e podem ajudar a perder peso quando adotadas durante um longo período. Pode-se perder em média 8 por cento do peso em 6-12 meses. No entanto, como é fácil subestimar a ingestão de calorias, é bom pesar o alimento, pelo menos no começo, para não consumir calorias em excesso.
- Dietas de teor calórico muito baixo – geralmente fornecem entre 400-800 quilocalorias por dia, na forma de bebidas fortificadas, doces ou salgadas, substituindo refeições. Sob supervisão profissional, essas dietas podem ajudá-lo a perder entre 13-23 kg do peso excedente.
- Dietas com baixo teor de gordura – restringem o consumo total de gordura a menos de 30 por cento das calorias consumidas, em vez das habituais 40 por cento. É preciso ingerir produtos com pouca gordura e com gorduras saudáveis (*veja p. 52*).

Peso para uma saúde ideal

altura	peso
1,47	40,0-53,8
1,50	41,6-56,0
1,52	42,7-57,5
1,55	44,4-59,8
1,57	45,6-61,4
1,60	47,4-63,7
1,63	49,2-66,2
1,65	50,4-66,6
1,68	52,2-70,3
1,70	53,5-72,0
1,73	55,4-74,5
1,75	56,7-76,3
1,78	58,6-78,9
1,80	60,0-80,7
1,83	62,0-83,4
1,85	63,3-85,2
1,88	65,4-88,0
1,90	66,8-89,9
1,93	68,9-92,8

Se seu peso for superior à faixa para sua altura desta tabela, tente perder peso lenta e constantemente, até alcançar a faixa saudável para sua altura.

Com menos gordura, você acaba optando por mais carboidratos – que devem ser grãos integrais de baixo teor glicêmico, em vez de carboidratos industrializados.

- Dietas com pouco carboidrato e muita proteína – esse tipo de dieta, como a do Dr. Atkins, é controverso, mas pode produzir uma perda de peso significativa no período de seis meses, em geral de cerca de 7 por cento do peso. Apesar de essas dietas serem eficientes na perda de peso a curto prazo, seus efeitos a longo prazo são incertos.
- Dieta de índice glicêmico baixo – as pesquisas sugerem que a substituição dos alimentos de IG alto (*veja p. 47*) por alimentos de IG baixo ajuda a perder peso com sucesso. Uma dieta de IG/CG baixos sacia mais e ajuda a comer menos do que uma dieta com IG/CG altos. Existe um consenso crescente de que a dieta de IG baixo, que enfatiza as gorduras monoinsaturadas (*veja p. 52*), deve ser recomendada a pessoas com resistência à insulina, síndrome metabólica ou diabetes. Seus críticos, no entanto, afirmam que a pessoa volta a ganhar o peso que perdeu em pouco tempo. Para exemplos de alimentação de baixo teor glicêmico, consulte os programas de dietas na Parte 3.

Danos renais e dieta

!

Se tiver danos renais resultantes do diabetes, será aconselhado a limitar o consumo de proteínas. Por esse motivo, é improvável que uma dieta rica em proteínas seja indicada para perder peso. Consulte seu médico.

3

Programas naturais de saúde Depois de explicar o que é o diabetes e as diferentes formas de lidar com ele, vou explicar como os tratamentos naturais podem ser utilizados. Inicialmente, gostaria que você **respondesse ao questionário**, que ajudará a identificar o melhor programa para você como indivíduo: o programa suave, moderado ou força total. O **programa suave** é indicado para pessoas que têm problemas sérios de dieta e estilo de vida. Ele vai colocá-lo na direção certa, por meio de um planejamento alimentar saudável de IG baixo, baseado em pratos conhecidos e internacionais. O **programa moderado** foi planejado para pessoas que querem melhorar sua alimentação e rotina já relativamente saudáveis, e recorrem à dieta mediterrânea. O **programa força total** se baseia na dieta japonesa. Além de sugerir um cardápio de 14 dias, cada programa apresenta **receitas saudáveis**, **com pouco açúcar e sal**, uma rotina de exercícios e sugestões sobre terapias complementares que podem ser adotadas. Você pode repetir o programa de 14 dias para obter um programa completo de 28 dias. Depois de ter acompanhado um programa, você perceberá os **efeitos benéficos significativos no controle da glicemia**, assim como na pressão arterial e nos níveis de gordura no sangue. Você poderá então continuar com a dieta e os princípios de rotina de seu programa ou passar para o próximo programa.

programas naturais de saúde questionário

Criei as perguntas a seguir para ajudá-lo a decidir qual programa é mais adequado a suas necessidades: o programa suave, o moderado ou o força total. As perguntas são sobre sua saúde atual, alimentação, estilo de vida e histórico familiar. Responda A, B ou C – o que se aproximar mais de sua resposta ideal. Se você responder:

- **A maioria A: é bom começar com o programa suave.**
- **A maioria B: sugiro que comece pelo programa moderado.**
- **A maioria C: você pode seguir o programa força total.**

As dietas dos três programas oferecem uma alimentação de baixo teor glicêmico. O programa suave se baseia em receitas internacionais, caminhadas, exercícios para diminuir a cintura, massagem e aromaterapia. O programa moderado gira em torno da dieta mediterrânea, com um regime de exercícios mais intensos, mais abdominais, técnicas de reflexologia e uma série de posturas benéficas de ioga. O programa força total recorre à dieta japonesa, às técnicas de acupressão do shiatsu e a uma sequência de posturas da ioga tradicional.

Mesmo se suas respostas forem predominantemente B e C, você pode iniciar pelo programa suave, e progredir para o programa moderado. Então, quando estiver acostumado com o programa moderado, poderá promover mudanças mais radicais em sua dieta e estilo de vida, passando para o programa força total. Muito dependerá de sua vontade em mudar sua dieta, estilo de vida atual e preferências alimentares.

Independentemente do programa selecionado, é importante controlar rigorosamente a glicemia. Faça isso sempre que mudar os hábitos alimentares, especialmente se estiver abandonando uma dieta rica em açúcares simples. Se você toma insulina ou comprimidos para diminuir a glicose no sangue, consulte o médico para saber como ajustar a medicação à medida que o nível melhorar. Se estiver tomando quaisquer outros remédios, ou se estiver grávida ou planejando uma gravidez, consulte o médico antes de fazer mudanças importantes na dieta e na rotina. Se você corre o risco de ter hipoglicemia (*veja p. 25*), tenha sempre o remédio à mão.

As perguntas a seguir foram elaboradas para serem respondidas tanto por "pré-diabéticos" e pessoas com síndrome metabólica (*veja p. 17*), quanto por portadores de diabetes tipo 1 ou 2. Se for diabético, vai precisar dos resultados mais recentes dos exames anuais. Se não possui esses resultados, peça-os ao médico. Veja o que deve pedir:

- **O resultado do exame HbA1c.**
- **O resultado dos exames de urina (os exames de urina detectam quantidades muito pequenas de proteína na urina – conhecida como microalbuminúria – e este é um dos sinais mais precoces de danos renais).**
- **Nível do colesterol LDL.**
- **Nível de triglicérides.**
- **Pressão arterial.**
- **Os resultados do exame de vista.**

1 Qual é a sua idade?
A 50 anos ou mais
B 30-50 anos
C 30 anos ou menos

2 Você tem diabetes tipo 1?
A Sim
B Não, mas há casos na família
C Não

3 Você tem diabetes tipo 2?
A Sim
B Não, mas há casos na família
C Não

4 O médico disse que você pode vir a ter diabetes tipo 2?
A Sim
B Não, mas há casos na família
C Não

5 Se você é diabético, como está o nível de glicose?
A Ruim – em geral superior a 10 mmol/l (180 mg/dl)
B Regular – em geral 4-10 mmol/l (72-180 mg/dl)
C Bom – em geral 4-7 mmol/l (72-126 mg/dl)

6 Qual é o resultado habitual de seu teste HbA1c?
A Ruim – em geral 8 por cento ou mais
B Regular – em geral 7-8 por cento
C Bom – em geral inferior a 7 por cento

7 Foi encontrada proteína em sua urina?
A Sim
B No teste para medir a glicemia deu negativo, mas no exame de sangue para medir a microalbumina, deu positivo
C Não

8 Você desenvolveu algum problema de visão em consequência do diabetes?
A Sim, as mudanças estão avançadas (ou “proliferativas”)
B Sim, mas as mudanças são moderadas (ou “em segundo plano”)
C Não

9 Você sofre de neuropatia periférica em consequência do diabetes?
A Sim
B Não, mas estou acima do peso, o que aumenta meu risco
C Não

10 Você está acima do peso?
A Sim, preciso perder pelo menos 6,4 kg
B Sim, mas preciso perder menos do que 6,4 kg
C Não, estou na faixa de peso saudável para a minha altura

11 Você tende a armazenar gordura na parte média do corpo em vez de nos quadris?
A Sim, tenho formato de maçã
B Não, tenho formato de pera e tendência a engordar nos quadris
C Não, sou proporcional

12 Sua pressão é alta?
A Sim
B Não, mas há casos na família
C Não

13 Seu nível de colesterol (LDL) é alto?
A Sim
B Não, mas há problemas de colesterol na família
C Não

14 Sua taxa de triglicérides é alta?
A Sim
B Não, mas há histórico familiar de triglicérides aumentado
C Não

15 Você já teve um ataque cardíaco?
A Sim
B Não, mas há casos na família
C Não

16 Você já sofreu um derrame?
A Sim
B Não, mas há histórico familiar de derrame
C Não

17 Qual é o seu pulso em repouso? (Pule esta pergunta se estiver tomando betabloqueador)
A 80 batimentos por minuto ou mais
B 70-80 batimentos por minuto
C Menos de 70 batimentos por minuto

18 Você fuma?
A Sim
B Eu fumava, mas agora parei
C Não

19 Você se sente sem energia e cansado regularmente?
A Sim, na maioria dos dias
B Sim, na maioria das semanas
C Não, nunca

20 Com que frequência você pratica exercícios?
A De vez em quando ou nunca
B 30 minutos pelo menos, duas ou três vezes por semana
C 30 minutos, na maioria dos dias

21 Você ingere cinco porções ao dia de frutas, legumes e vegetais?
A Como menos de cinco porções por dia
B Sim, como cinco porções por dia
C Em geral, como mais de cinco porções por dia

22 Com que frequência você come peixe?
A Quase nunca
B Uma ou duas vezes por semana, pelo menos
C Três ou mais vezes por semana

23 Quantas vezes você consome frituras?
A Várias vezes por semana
B Apenas uma vez por semana
C Raramente

24 Com que frequência você come alimentos processados?
A Na maioria dos dias
B Várias vezes por semana
C Quase nunca

25 Com que frequência você consome refeições prontas para viagem?
A Várias vezes por semana
B Apenas uma vez por semana
C Raramente

26 Com que frequência você acrescenta sal à sua comida?
A Sempre acrescento sal durante o preparo e ao meu prato
B Parei de acrescentar sal durante o preparo, mas às vezes ponho sal no meu prato
C Não acrescento sal aos alimentos e verifico nas embalagens a quantidade de sal

27 Segue uma dieta com baixo teor de gordura?
A Na verdade, não
B Sim, mudei para produtos com baixo teor de gordura (como leite desnatado ou semidesnatado)
C Sim, sempre verifico o conteúdo de gordura dos alimentos nas embalagens

28 Qual destes estilos de alimentação combina melhor com você?
A Uma dieta de baixo teor glicêmico (*veja p. 48*), baseada em receitas de família – não sou um aventureiro gastronômico
B Estou louco para experimentar a dieta mediterrânea, porque sei que é uma das mais saudáveis
C Estou disposto a fazer mudanças no tipo de alimentos que como e compro, especialmente se fizer diferença positiva na minha saúde. Tenho interesse em experimentar a comida japonesa

início dos programas

Antes de começar um programa, reserve alguns dias para ler as partes importantes desta seção do livro e se preparar. Aproveite para abrir espaço na despensa para os novos ingredientes (jogue fora os alimentos que contenham muito sal ou açúcar e tipos não saudáveis de gordura) e vá às compras. Visite lojas especializadas para adquirir itens como óleos essenciais, suplementos e adesivos magnéticos. Também é uma boa ideia pesquisar sobre as terapias complementares no seu bairro (recomendo duas consultas a dois terapeutas diferentes por programa – veja detalhes no 7º e 14º dias de cada programa).

Para ajudá-lo a verificar seu progresso, apresento a tabela "antes e depois" (abaixo). Faça uma cópia e preencha com as informações relevantes. Depois de quatro semanas, insira as informações novamente e verifique sua evolução.

As informações necessárias para preencher o quadro de progresso podem ser obtidas facilmente: são necessárias uma fita métrica e uma balança. Para medir a pressão, utilize um medidor de pressão doméstico ou vá à farmácia. Meça a glicose no sangue todos os dias, durante uma semana, e calcule a média. O monitor de glicose pode gerar essa informação automaticamente.

Além de melhorar seu peso, o controle da glicose e da pressão arterial, os programas também poderão ter impacto positivo no nível de colesterol no sangue. Pode ser que você também queira anotar as variações do antes e depois para o colesterol, especialmente se estiver alto. Simplesmente acrescente mais uma linha ao quadro – um médico ou um farmacêutico podem lhe fornecer as taxas de colesterol.

Quadro de progresso para os programas suave, moderado e de força total

medida	data de início	data de encerramento	evolução
peso			perda:
medida da cintura			diminuição:
medida do quadril			diminuição:
pressão arterial			menos:
nível médio de glicose no sangue			menos:

introdução ao programa suave

Com o programa suave, você adota uma dieta e rotina mais saudáveis, que podem ser feitas com calma e com o mínimo de sacrifício. Há 14 planejamentos diários, que podem ser repetidos, obtendo um programa com duração de 28 dias.

A dieta do programa suave

A dieta que recomendo neste programa apresenta uma alimentação de índice glicêmico baixo e com menos carboidratos refinados do que você provavelmente estava acostumado a consumir. Inclui uma variedade de pratos baseados em legumes e verduras frescas, frutas, nozes, ervas, peixe, carnes grelhadas e iogurtes probióticos. Esta dieta aumenta o consumo de fibras, antioxidantes (especialmente carotenoides), vitaminas, minerais, gorduras monoinsaturadas e gorduras ômega-3.

Apesar de a perda de peso não ser o objetivo, você pode descobrir que perdeu algum excesso, lenta e naturalmente, devido à alimentação saudável e ao fato de evitar a ingestão excessiva de carboidratos refinados e gorduras, que contribuem para esse excesso de peso.

No programa suave, é permitido beber um pequeno cálice (150 ml) de vinho tinto todos os dias – que é rico em antioxidantes e ótimo para a saúde cardiovascular. Porém, se estiver tentando perder peso, recomendo que limite a dose a apenas dois copos no final de semana e que evite o álcool durante a semana.

Alimentos que devem ser evitados ou reduzidos

Os alimentos excluídos do programa suave são tão importantes quanto os que foram incluídos. O programa suave evita os carboidratos refinados (como bolachas e bebidas açucaradas), alimentos processados (como carne enlatada e sopas industrializadas) e doces, pois eles contribuem para o aumento do nível de glicose no sangue. Evitando-os, você mantém níveis mais estáveis de glicemia, especialmente depois de comer. Também vai ingerir menos sódio, gorduras saturada e trans, e colesterol, o que beneficia a pressão arterial e a saúde circulatória e diminui os lipídios no sangue.

A rotina de exercícios do programa suave

Este programa concentra-se em exercícios aeróbicos leves, que tonificam os músculos abdominais e reduzem a cintura (*veja p. 70*). A perda da gordura abdominal excedente melhora a resistência à insulina e a tolerância à glicose. Na segunda semana do programa, você começa a fazer os alongamentos da ioga para melhorar a flexibilidade.

Se você não se exercitou muito nos últimos anos, é importante começar a nova rotina de exercícios lentamente, para evitar dores e sofrimento que possam impedi-lo de continuar. Por isso, iniciamos com uma rotina de 20 minutos de caminhada – ande em ritmo suficiente para elevar o pulso a cerca de 100 batimentos por minuto (a menos que esteja tomando um medicamento betabloqueador), até ficar levemente ofegante. À medida que seu condicionamento melhorar, poderá aumentar a pulsação até o limite apropriado para sua idade (*veja p. 80*).

Se preferir, em vez de fazer todos os exercícios aeróbicos em uma sessão, distribua-os em dois turnos

Lista de compras

Estes itens devem ser comprados regularmente. São utilizados nas refeições sugeridas para os próximos 14 dias. Compre sempre pequenas quantidades para ter sempre produtos frescos.

bebidas
chá (verde, branco, de ervas e de frutas), água mineral (com baixo teor de sódio), suco de laranja e de maçã preparado na hora e sem açúcar, vinho tinto e branco (seco).

laticínios
iogurte bio light, iogurte de baunilha desnatado, queijo branco com baixo teor de gordura, queijo cottage (simples e com abacaxi), mussarela, ricota, parmesão, leite desnatado ou semidesnatado, leite de amêndoas ou de soja.

frutas e vegetais orgânicos
mamão, maçã, banana, mirtilo, figo, uva, kiwi, limão, manga, melão, laranja, pera, abacaxi, grapefruit (*veja advertência na p. 86*), ameixa, uva-passa, framboesa, morango, melancia; berinjela, brócolis, feijão-roxinho, feijão-branco, lentilha, grão-de-bico, cenoura, couve, abobrinha, vagem, alcachofra, ervilha-torta, quiabo, cebola (branca e roxa), espinafre, batata-doce, mandioca, mandioquinha, inhame, cará, milho, couve-chinesa, abacate, broto de feijão, aipo, pepino, alface, agrião e outras verduras para salada, nabo, pimentão (vermelho e verde), rúcula, cebolinha, tomate (cereja, caqui e seco).

nozes, castanhas e sementes (sem sal)
amêndoas (inteiras ou fatiadas), coco ralado, nozes, sementes variadas (linhaça, abóbora, gergelim, girassol)

ervas, condimentos, azeite e vinagre
pimenta-do-reino, cardamomo, pimentas verde e vermelha, canela (em pó e em pau), cravos, grãos de coentro, sementes de cominho, feno-grego, gengibre fresco, mostarda em grão, páprica, cúrcuma, manjericão, louro, cebolinha, folhas de coentro, dill, alho, hortelã, salsa, alecrim, estragão, tomilho, azeite extravirgem (para regar e para molhos), azeite (para cozinhar), óleo de nozes, vinagre balsâmico, vinagre de framboesa, shoyu (light).

grãos
pão (de centeio, integral, integral rústico, de grãos, sueco com alto teor de fibras), macarrão integral, macarrão de cânhamo, arroz integral (comum, vermelho e selvagem), quinua, aveia para mingau, farelo de aveia, granola, müsli sem açúcar, cereal de farelo de trigo com alto teor de fibras, trigo bulgor, cuscuz.

proteínas
ovos enriquecidos com ômega-3, filés de anchova, siri, hadoque defumado, linguado, camarão, salmão (fresco e defumado), atum (enlatado em água ou azeite), peito de frango e de peru, filés de cordeiro, presunto e bacon magros, presunto cru, lombo de porco, tofu (silken).

diversos
geleia de frutas (sem açúcar), chocolate amargo orgânico (70% de teor de sólidos de cacau, pelo menos), purê de tomate, patê de legumes enriquecido com azeite, ômega-3 ou esteróis e estanóis de plantas, mostarda em grão, pesto, caldo de legumes.

de dez minutos cada. Considere a duração sugerida para cada dia como a quantidade mínima de exercícios acelerados que deve fazer – distribua esse tempo durante o dia, conforme for mais adequado. Aumente a intensidade quando estiver preparado para andar/fazer exercícios por mais tempo.

Orientação para os exercícios Se estiver acostumado a se exercitar diariamente, comece a prestar mais atenção à frequência cardíaca. Em vez de procurar aumentá-la para 100 batimentos por minuto, tente mantê-la dentro da faixa adequada para sua idade. Assim evitará se esforçar demais, ao mesmo tempo em que estará trabalhando o suficiente para queimar o excesso de gordura e melhorar a saúde cardiovascular. Para medir a pulsação, coloque os dedos na parte interna do pulso, na direção da lateral do polegar, ou ao lado do pescoço, sob o queixo. Durante o exercício, conte os batimentos por 10 segundos a cada dez minutos, aproximadamente, e veja se estão dentro da faixa para a sua idade.

Idade	Faixa de frequência cardíaca em 10 segundos
20–29	20–27
30–39	19–25
40–49	18–23
50–59	17–22
60–69	16–21
70 +	15–20

No começo, se estiver fora de forma, mantenha a frequência no nível mínimo da tabela para a sua idade. Se em algum momento a pulsação se elevar mais do que deveria, pare o exercício e caminhe até os batimentos diminuírem. Ao reiniciar, vá com calma.

Ao longo de várias semanas, faça os exercícios, aproximando-se da frequência cardíaca mais alta da tabela. Ao terminar os exercícios, você deverá estar se sentindo revigorado em vez de exausto. Verifique a pulsação um minuto depois de parar o exercício. Depois de dez minutos de descanso, os batimentos deverão cair para menos de 100 por minuto.

Suplementos do programa suave

No começo, talvez você queira tomar apenas um ou dois destes suplementos, e depois, à medida que começar a seguir os princípios do programa, acrescentar outros. Você encontrará informações sobre eles e sua capacidade de melhorar o controle da glicemia e/ou reduzir as complicações do diabetes nas pp. 62-65. Consulte o médico antes de tomar suplementos.

Suplementos recomendados diariamente

- Vitamina C (250 mg)
- Vitamina E (150 i.u./100 mg)
- Ácido alfalipoico (50 mg)
- Selênio (50 mcg)
- Coenzima Q10 (30 mg)
- Cromo (200 mcg)
- Magnésio (150 mg)
- Zinco (10 mg)
- Vitaminas do complexo B (25 mg)
- Óleo de peixe com ômega-3 (300 mg diários; por exemplo, 180 mg EPA mais 120 mg DHA em uma cápsula de óleo de peixe de 1 g)

Suplementos diários opcionais (que oferecem benefícios adicionais)

- Pycnogenol (50 mg)
- Cápsulas de alho (quantidade de alicina 1.000-1.500 mcg)
- Extrato de mirtilo (100 mg; padronizado para fornecer 25 por cento de antocianinas)
- Ácido linoleico conjugado (1 g)

Aquecimento e relaxamento Faça sempre o aquecimento antes dos exercícios, com flexões e alongamentos, para evitar danos musculares e nos ligamentos. Depois dos exercícios, relaxe caminhando lentamente por alguns minutos.

Faça exercícios com segurança Vista roupas confortáveis e calçados apropriados, e utilize equipamento de segurança, como faixas fluorescentes, quando estiver em local aberto e com pouca iluminação. Não faça exercícios depois de uma refeição pesada, da ingestão de bebidas alcoólicas ou se não estiver disposto. Pare imediatamente se sentir tontura, desmaio, falta de ar incomum ou dor no peito.

A atividade física deverá ser adiada quando a glicemia estiver superior a 15 mmol/l (270 mg/dl); e você deverá consumir carboidratos adicionais antes do exercício, se estiver inferior a 7 mmol/l (126 mg/dl).

Monitore a glicose antes e depois do exercício. Tenha sempre à mão uma fonte de glicose de fácil absorção (como uma bebida energética ou comprimidos de dextrose), para o caso de apresentar sintomas de hipoglicemia (*veja p. 25*).

Se tiver alguma dúvida sobre a quantidade de exercícios a ser feita, ou sobre como eles afetarão o diabetes, consulte o médico. Se tiver angina ou histórico de ataque cardíaco, busque orientação antes de iniciar um programa de exercícios.

As terapias do programa suave

Neste programa, apresento algumas terapias complementares para melhorar o controle da glicemia e a circulação, e para ajudá-lo a relaxar (o relaxamento diminui os níveis de hormônios do estresse, que tem efeito adverso sobre a glicemia). Entre as terapias estão a massagem simples, a acupressão, a meditação, os exercícios respiratórios e a terapia magnética. No 7º e no 14º dias do programa, recomendo consultar um homeopata e um aromaterapeuta, respectivamente. Agende agora, antes de começar o programa.

1

planejamento diário primeiro dia

Cardápio diário

- **Café-da-manhã: farelo de cereal rico em fibras com leite semidesnatado. Um punhado de frutas vermelhas frescas, como framboesas e/ou mirtilos**
- **Lanche matinal: uma porção de fruta**
- **Almoço: sanduíche aberto com pão de centeio e peito de peru magro. Uma tigela de salada mista de folhas, regada com molho de nozes e alho (*veja p. 103*) e salpicada com sementes**
- **Lanche da tarde: um punhado de amêndoas ou uma barra de 40-50 g de chocolate amargo**
- **Jantar: linguado com molho de agrião (*veja p. 105*). Duas ou três batatinhas (opcional) com casca cozidas. Cenouras. Brócolis. Peras grelhadas com amêndoas, hortelã e iogurte (*veja p. 108*)**
- **Bebidas: 570 ml de leite desnatado ou semidesnatado. Suco de frutas ou legumes preparado na hora. Chá verde, preto, branco ou de ervas e água mineral à vontade**
- **Suplementos: veja p. 81**

Rotina diária de exercícios

O exercício a seguir ajuda a tonificar os músculos abdominais e da região lombar. Faz parte do programa de exercícios para cintura que apresentarei na próxima semana. Hoje, caminhe em ritmo acelerado por 20 minutos, como exercício aeróbico.

Flexão pélvica na posição sentada

1 Sente-se em uma cadeira de espaldar reto, com os pés bem apoiados no chão, mantenha os joelhos a uma distância de 30 cm, as mãos nas laterais e a região lombar apoiada na cadeira. Dobre o corpo para a frente de forma confortável e coloque as mãos no chão.

2 Depois que tiver se alongado o máximo possível de forma confortável, permaneça na posição e conte até cinco. Volte à posição inicial até ficar sentado com as costas apoiadas na cadeira. Faça este movimento todos os dias e aumente aos poucos o número de repetições, até 10 ou mais.

Massagem

Esta massagem simples estimula a circulação dos pés.

Massagem nos pés

1 Verifique pequenos ferimentos ou marcas nos pés (se tiver a sensibilidade reduzida nos pés, este exame é muito importante). Massageie-os por 5 minutos com uma loção para massagem, estimulando a circulação. Concentre-se nos reflexos descritos na p. 39, dando atenção especial à área do pâncreas.

2 Faça exercícios suaves com o tornozelo, girando os pés para a esquerda, depois para a direita, para cima e para baixo.

Cuidado com a massagem! !

Não massageie os pés ou a parte inferior das pernas se tiver algum ferimento, infecção, ulceração ou coágulo sanguíneo na região.

segundo dia

Cardápio diário

- **Café-da-manhã: ovos cozidos no tomate (*veja p. 100*). Folhas de rúcula. Torrada integral com patê de legumes**
- **Lanche matinal: uma porção de fruta**
- **Almoço: queijo cottage desnatado com abacaxi. Uma tigela de salada de folhas, com azeite e vinagre balsâmico e salpicada com sementes. Um pãozinho integral ou de grãos (opcional). Iogurte bio light com fruta fresca**
- **Lanche da tarde: um punhado de amêndoas ou uma barra de chocolate amargo de 40-50 g**
- **Jantar: frango recheado "en papillote" (*veja p. 104*). Uma porção pequena de tagliatele integral (opcional). Vagens. Abobrinhas. Um punhado de uvas pretas**
- **Bebidas: 570 ml de leite desnatado ou semidesnatado. Suco de frutas ou de legumes preparado na hora. Chá verde, preto, branco ou de ervas e água mineral à vontade**
- **Suplementos: veja p. 81**

Rotina diária de exercícios

Comece com a flexão do 1º dia, depois faça o exercício abaixo, que ajuda a tonificar o músculo reto abdominal, localizado na frente do abdome, e os músculos eretores da coluna, que sustentam as costas. Durante o dia, faça uma caminhada em ritmo acelerado de 20 minutos.

Toque os dedos dos pés

1. Fique em pé e, com as pernas retas, dobre bem a cintura e relaxe, de forma que a parte superior do tronco e os braços fiquem pendentes diante do corpo.
2. Alongue os braços e estique os dedos o mais longe possível, sem sentir desconforto nas pernas. O objetivo é alcançar os dedos dos pés, mas não se alongue demais.
3. Tente manter o alongamento máximo por 5 segundos. À medida que ganhar maior flexibilidade, poderá manter este alongamento por 10 segundos.
4. Para se erguer novamente, flexione ligeiramente os joelhos e apoie as mãos sobre eles.
5. Fique ereto, com os ombros para trás. Relaxe e repita o alongamento 5 vezes.

Massagem

A massagem de hoje é uma sequência da de ontem. É especialmente indicada quando os pés e as pernas tendem a ficar pálidos e frios ao toque.

Massagem nas pernas

1. Usando uma loção, massageie os pés como fez ontem.
2. Faça movimentos circulares com a palma das mãos na parte inferior das pernas, ao longo das panturrilhas. Faça essa massagem todos os dias (mas, antes, leia o aviso da página ao lado).

Patê de legumes
Veja se o patê que vai utilizar na torrada foi enriquecido com esteróis e estanóis, substâncias naturais encontradas em pequenas quantidades nas membranas celulares das plantas. Quando adicionadas aos alimentos em quantidades significativas, podem diminuir o colesterol não saudável no sangue. Veja na p. 53 outros exemplos de alimentos enriquecidos.

1 2 3

programa suave terceiro dia

Cardápio diário

- **Café-da-manhã: tomates grelhados com torrada integral, rúcula e lascas de parmesão. Uma laranja grande**
- **Lanche matinal: uma porção de fruta**
- **Almoço: salada de frango, framboesas e batata (*veja p. 104*). Iogurte bio light com fruta fresca**
- **Lanche da tarde: um punhado de amêndoas ou uma barra de chocolate amargo de 40-50 g**
- **Jantar: prato principal vegetariano à sua escolha (por exemplo, chilli sem carne; *veja p. 104*). Uma porção pequena de arroz selvagem (opcional). Frutas tropicais ao forno (*veja p. 108*)**
- **Bebidas: 570 ml de leite desnatado ou semidesnatado. Suco de frutas ou de legumes preparado na hora. Chá verde, preto, branco ou de ervas e água mineral à vontade**
- **Suplementos: veja p. 81**

Rotina diária de exercícios

Faça os exercícios do 1º e 2º dias, e o exercício a seguir, que ajuda a tonificar todos os músculos abdominais e a parte inferior das costas. Durante o dia, faça uma caminhada de 20 minutos em ritmo acelerado.

Flexões laterais em pé

1 Fique em pé com os braços pendentes e os pés bem afastados.
2 Eleve o braço esquerdo, inspire profundamente e, ao expirar, dobre a cintura lateralmente, de maneira que sua mão direita deslize pela perna o mais que puder.
3 Permaneça nessa posição, inspire e, segurando a respiração, volte à posição ereta, antes de expirar novamente.
4 Repita 5 vezes e depois faça 5 alongamentos para o outro lado.

Massagem

A massagem de hoje ajuda a perder a gordura ao redor do intestino. Faça-a pela manhã ou à noite, quase diariamente, na cama ou na banheira.

Massagem abdominal

1 Deite-se numa posição confortável. Utilizando uma loção, massageie o abdome por 10 minutos, para estimular a circulação. Faça pequenos movimentos circulares dos dois lados na parte inferior do abdome, movimentando as mãos lentamente uma em direção à outra, até se encontrarem no centro. Depois, trabalhe suavemente do centro do abdome para os lados e para baixo novamente. Use as palmas das mãos e não as pontas dos dedos. Evite as regiões sensíveis.
2 Apoie as mãos sobre a parte inferior do abdome, de forma que os dedos mínimos fiquem pouco acima da virilha. Sinta o abdome subindo e descendo conforme respira. Sintonize a respiração e relaxe.

Evite os locais de aplicação de insulina !

Não massageie os locais no abdome (ou quaisquer outros) onde foi aplicada a insulina nas 4 horas seguintes à injeção.

programa suave quarto dia

Cardápio diário

- **Café-da-manhã: gomos de grapefruit rosa separados na hora (*veja o quadro ao lado*). Torrada integral com um pouco de ricota e compota de frutas**
- **Lanche matinal: uma porção de fruta**
- **Almoço: sanduíche aberto de atum no pão de grãos ou integral. Uma tigela de salada mista de folhas com molho de nozes e alho (*veja p. 103*) e salpicada com sementes. Um tomate caqui. Iogurte bio light com fruta fresca**
- **Lanche da tarde: um punhado de amêndoas ou uma barra de chocolate amargo de 40-50 g**
- **Jantar: espetos de cordeiro com raita (*veja p. 107*). Uma espiga de milho. Uma tigela de salada de folhas mistas temperada com óleo de nozes e limão-siciliano. Uma fatia de melão salpicada com canela**
- **Bebidas: 570 ml de leite desnatado ou semidesnatado. Suco de frutas ou de legumes preparado na hora. Chá verde, preto, branco ou de ervas e água mineral à vontade**
- **Suplementos: veja p. 81**

Se gostar do escalda-pés aromaterapêutico de hoje, invista em um hidromassageador para os pés.

Rotina diária de exercícios

Faça os três exercícios para afinar a cintura do 1º ao 3º dias e o exercício abaixo. Continue caminhando em ritmo acelerado por 20 minutos, como exercício aeróbico.

Rotação em pé

1. Fique em pé, com os braços flexionados como se estivesse segurando bengalas, horizontalmente, na altura da cintura.
2. Mantenha os quadris e a parte inferior do corpo voltada para a frente, gire o tronco para um dos lados a 90°.
3. Volte para a frente e gire para o outro lado. Repita o movimento 5 vezes.

Aromaterapia

Leia sobre as qualidades dos óleos essenciais utilizados nesta massagem na p. 31.

Escalda-pés aromaterapêutico

1. Adicione 5 gotas de óleo de gerânio e 2 gotas de óleo de gengibre e de lavanda em uma bacia com água morna. Mergulhe os pés por 15 minutos e relaxe, por exemplo, ouvindo música.
2. Enxugue os pés cuidadosamente. Se estiverem sensíveis, use papel-toalha.

Cuidado com o grapefruit!

!

Se estiver tomando remédios, verifique se a bula menciona qualquer interação com o grapefruit, que contém bioflavonoides antioxidantes, que aumentam a absorção de alguns medicamentos, inclusive as estatinas e um grupo de drogas anti-hipertensivas, os bloqueadores dos canais de cálcio. Se necessário, substitua por uma laranja grande.

quinto dia

Cardápio diário

- **Café-da-manhã: mingau de aveia com canela**
- **Lanche matinal: uma porção de fruta**
- **Almoço: uma tigela de salada de folhas mistas temperada com azeite e vinagre balsâmico, com sementes e camarões grandes descascados. Uma fatia de pão de centeio. Iogurte bio light com fruta fresca**
- **Lanche da tarde: um punhado de amêndoas ou uma barra de chocolate amargo de 40-50 g**
- **Jantar: filé de peixe ou peixe grelhado (pescada ou salmão), regado com limão-siciliano. Uma tigela de salada de folhas mistas e vagens com azeite e vinagre balsâmico. Ameixas cruas ou ligeiramente cozidas no vapor (sem açúcar)**
- **Bebidas: 570 ml de leite desnatado ou semidesnatado. Suco de frutas ou de legumes preparado na hora. Chá verde, preto, branco ou de ervas e água mineral à vontade**
- **Suplementos: veja p. 81**

Refeições saborosas e saudáveis para os diabéticos, como a salada de folhas, sementes e camarões do almoço, peixe grelhado no jantar, com direito até a chocolate amargo!

Rotina diária de exercícios

Faça os exercícios para a cintura do 1º ao 4º dias, e o exercício de hoje. Caminhe por 20 minutos em ritmo acelerado.

Rotação deitada

1. Deite com os braços estendidos na altura dos ombros.
2. Dobre as pernas, de forma que os joelhos apontem para o teto. Leve os pés em direção às nádegas, até onde se sentir ainda confortável.
3. Mantendo os joelhos e os pés juntos, inspire profundamente e, ao expirar, deixe os joelhos penderem para a direita, o mais próximo do chão. Mantenha a parte superior das costas apoiada no chão, enquanto olha para a esquerda.
4. Respire lenta e profundamente por 30 segundos. Volte à posição inicial e repita a rotação do outro lado.

Aromaterapia

A massagem de hoje é boa para a pele seca, que sinaliza uma possível deficiência de ácidos graxos essenciais.

Massagem aromaterapêutica

1. Misture 5 gotas de cada de óleo essencial de gerânio, gengibre e lavanda com 30 ml de um óleo base (como o óleo de abacate, de amêndoas ou de germe de trigo).
2. Espalhe o óleo nas panturrilhas e nos pés em movimentos circulares suaves. Se a pele da canela estiver especialmente seca, massageie-a com óleo de prímula (diretamente do vidro), além de ingerir suplementos de óleo de prímula.

programa suave sexto dia

Cardápio diário

- **Café-da-manhã: forminhas de espinafre (*veja p. 100*). Pão de centeio com patê de legumes**
- **Lanche matinal: uma porção de fruta**
- **Almoço: sopa de lentilhas e batata--doce (*veja p. 103*). Um pãozinho integral ou de grãos (opcional). Iogurte bio light com fruta fresca**
- **Lanche da tarde: um punhado de amêndoas ou uma barra de chocolate amargo de 40-50 g**
- **Jantar: curry de frango (*veja p. 106*). Uma porção pequena de arroz integral ou vermelho com folhas de coentro picadas na hora. Um punhado de uvas verdes ou roxas**
- **Bebidas: 570 ml de leite desnatado ou semidesnatado. Suco de frutas ou de legumes preparado na hora. Chá verde, preto, branco ou de ervas e água mineral à vontade**
- **Suplementos: veja p. 81**

Rotina diária de exercícios

Faça os exercícios dos 5 dias anteriores mais o exercício abaixo para diminuir a cintura. Caminhe em ritmo acelerado por 20 minutos.

Elevação da parte inferior do abdome

1. Deite no chão, com os joelhos flexionados e os pés afastados, alinhados com os quadris. Abra os dois braços nas laterais.
2. Pressione a parte inferior das costas no chão, e contraia bem o abdome.
3. Imagine um barbante amarrado na parte inferior do abdome e, mantendo-o contraído, expire e eleve a parte inferior do ventre e os quadris do chão – como se estivessem sendo puxados pelo barbante.
4. Permaneça assim por algum tempo, depois abaixe lentamente o abdome e os quadris até o chão, enquanto inspira. Repita várias vezes.

Banho aromaterapêutico

Prepare a mesma mistura de óleos essenciais de ontem. Hoje, você tomará um banho terapêutico quente e perfumado.

Banho aromaterapêutico

1. Encha a banheira de água a uma temperatura confortável e adicione a mistura de óleos.
2. Feche a porta para conter os vapores terapêuticos, e permaneça na água por 15-20 minutos, preferivelmente à luz de velas. Será relaxante e diminuirá a produção de hormônios do estresse (tendo um efeito positivo sobre a glicemia).
3. Depois do banho, retire o óleo da superfície da água com uma esponja molhada e massageie com ela todo o corpo.

Coenzima Q10

Se estiver tomando um medicamento com estatina, seus níveis da enzima Q10 estarão esgotados, por isso sugiro que tome um suplemento desse importante antioxidante. As estatinas também diminuem em 17 por cento os níveis de vitamina E solúvel em gordura no sangue; portanto, veja se os suplementos incluem vitamina E – o ideal é ingeri-la com outros antioxidantes que sustentem sua ação, como vitamina C, selênio, carotenoides e ácido alfalipoico.

programa suave sétimo dia

Cardápio diário

- **Café-da-manhã: dois pães suecos ricos em fibras. Queijo cottage com cebolinha e um pouco de presunto picados. Dois figos frescos**
- **Lanche matinal: uma porção de fruta**
- **Almoço: macarrão integral com 2 colheres (sopa) de pesto. Uma tigela de salada de folhas mistas com molho de nozes e alho (*veja p. 103*) e salpicada com sementes e nozes. Iogurte bio light com fruta fresca**
- **Lanche da tarde: um punhado de amêndoas ou uma barra de chocolate amargo de 40-50 g**
- **Jantar: filé de frango ou de peixe marinado no azeite, suco de limão-siciliano, alho e ervas frescas e depois grelhado. Uma porção pequena de cuscuz (opcional). Espinafre escaldado. Salada de frutas vermelhas com baunilha (veja p. 108)**
- **Bebidas: 570 ml de leite desnatado ou semidesnatado. Suco de frutas ou de legumes preparado na hora. Chá verde, preto, branco ou de ervas e água mineral à vontade**
- **Suplementos: veja p. 81**

Agora que já seguiu a dieta de IG baixo por uma semana, é hora de medir o nível de açúcar no sangue para verificar seu progresso. Se a glicemia se mantém constante entre 4-7 mmol/l (72-126 mg/dl), o nível está bom. Se estiver frequentemente por volta de 4 mmol/l (72 mg/dl), ou se você apresentou sinais de hipoglicemia, consulte o médico – pode ser que a dosagem da medicação deva ser reduzida.

Rotina diária de exercícios

Faça os exercícios do 1º ao 6º dias, seguidos pelo abdominal abaixo. Caminhe em ritmo acelerado por 20 minutos durante o dia.

Abdominal reverso

1. Deite no chão e movimente a pelve para pressionar a lombar no chão.
2. Mantenha os braços nas laterais e flexione os joelhos na direção do peito formando um ângulo reto.
3. Cruze os tornozelos e, pressionando a região lombar no chão, expire e contraia os músculos abdominais, de maneira que os quadris se ergam um pouco do chão e os joelhos se movam na direção do queixo. Movimente-se de forma lenta e controlada.
4. Inspire enquanto relaxa os abdominais até a posição do passo 2. Repita o exercício 5 vezes e, aos poucos, aumente o número de repetições.

Consulte um homeopata

Depois de uma semana no programa suave, gostaria que consultasse um homeopata. Para encontrar um profissional, veja as indicações da página 174. Um homeopata fará a escolha dos remédios com base em seus sintomas e tipo físico. Há 15 tipos constitucionais diferentes, dependendo do formato do corpo, personalidade, preferências alimentares, gostos, rejeições e emoções. O homeopata fará uma série de perguntas detalhadas antes de escolher o medicamento mais indicado para você. Ele pode dispensar a medicação ou fornecer uma receita para medicamento homeopático. Haverá uma consulta de retorno para verificar sua reação ao tratamento, se os remédios funcionaram ou se devem ser mudados. A quantidade de sessões necessárias varia de pessoa a pessoa.

oitavo dia

Cardápio diário

- **Café-da-manhã: hadoque defumado com tomate (*veja p. 101*). Torrada integral com patê de legumes**
- **Lanche matinal: uma porção de fruta**
- **Almoço: sanduíche aberto de siri e abacate no pão de centeio. Uma tigela de salada de folhas mistas com azeite e vinagre balsâmico e salpicada com sementes mistas e cenoura ralada. Iogurte bio light com fruta fresca**
- **Lanche da tarde: um punhado de amêndoas ou uma barra de chocolate amargo de 40-50 g**
- **Jantar: berinjelas recheadas (*veja p. 107*). Uma porção pequena de arroz vermelho (opcional). Brócolis.**
- **Bebidas: 570 ml de leite desnatado ou semidesnatado. Suco de frutas ou de legumes preparado na hora. Chá verde, preto, branco ou de ervas e água mineral à vontade**
- **Suplementos: veja p. 81**

Nos próximos dias apresentarei várias terapias complementares diferentes que podem beneficiar os portadores de síndrome metabólica ou diabetes. Se achar alguma das terapias particularmente interessante, consulte a seção de indicações deste livro e considere a possibilidade de consultar um terapeuta especializado. Para hoje, sugiro uma técnica que pode ajudar a melhorar sua visão (os problemas oculares são complicações do diabetes).

Rotina diária de exercícios

Faça os 7 exercícios da semana anterior e comece a acrescentar alguns alongamentos relaxantes – o primeiro se encontra abaixo. Aumente o tempo da caminhada acelerada para 25 minutos.

Relaxamento suave

1 Deite no chão com os braços confortavelmente estendidos para trás da cabeça.

2 Relaxe, inspire e expire, lenta e profundamente, por alguns minutos

O método Bates

Estes exercícios foram criados pelo oftalmologista americano Dr. William Bates no início do século 20. O Dr. Jacob Liberman deu continuidade a seu trabalho.

Relaxamento dos olhos

1 Sente de modo confortável com os olhos fechados. Coloque as palmas da mão em concha sobre os olhos para bloquear a claridade. Não pressione o globo ocular.

2 Respire profundamente. Concentre-se na escuridão por 10 minutos.

3 Repita este exercício 3 vezes por dia. Após cada sessão, seus olhos parecerão tranquilos e descansados, e talvez perceba uma melhora na acuidade visual. Você também pode usar sua imaginação para ajudá-lo a ver com mais clareza: quando tentar ler letras pequenas de perto, imagine-as o mais pretas possíveis (em oposição ao cinza).

programa suave nono dia

Cardápio diário

- **Café-da-manhã: musli com leite semidesnatado e fruta picada (kiwi ou damasco)**
- **Lanche matinal: uma porção de fruta**
- **Almoço: sopa de feijão com tomate (*veja p. 103*). Um pãozinho integral ou de grãos (opcional). Iogurte bio light com fruta fresca.**
- **Lanche da tarde: um punhado de amêndoas ou uma barra de chocolate amargo de 40-50 g**
- **Jantar: salmão com creme de limão e dill (veja p. 105). Patê de semente de cânhamo (opcional). Vagens. Um punhado de uvas**
- **Bebidas: 570 ml de leite desnatado ou semidesnatado. Suco de frutas ou de legumes preparado na hora. Chá verde, preto, branco ou de ervas e água mineral à vontade**
- **Suplementos: veja p. 81**

Rotina diária de exercícios

Faça os exercícios da primeira semana para a cintura, e o alongamento do 8º dia. Hoje, acrescente o alongamento a seguir. Durante o dia, faça uma caminhada acelerada de 25 minutos.

Alongamento das pernas

1. Deite no chão e traga um joelho até o peito. Respirando lenta e profundamente, coloque a mão no joelho e puxe-o levemente em sua direção.
2. Permaneça assim por 10 segundos e volte à posição inicial. Repita com a outra perna.

Acupressão

A massagem do ponto de acupuntura a seguir ajuda a estimular a função pancreática. Experimente.

Massagem de pontos de acupuntura

1. Encontre um ponto alinhado com a parte inferior do dedo anular, no centro da palma da mão. Se você é diabético, será fácil encontrá-lo: em geral fica bem sensível.
2. Se o ponto estiver sensível, pressione profundamente o polegar sobre ele. Caso contrário, pressione profundamente o polegar e gire-o suavemente por 20 segundos. Quando terminar, retire o polegar com um movimento rápido.

Visite um quiropodólogo

Estima-se que um em cada 5 diabéticos desenvolva um problema grave nos pés, devido à má circulação, falta de resistência à infecção e redução de sensibilidade, condições que permitem que os pequenos ferimentos evoluam. Marque uma consulta com um quiropodólogo. Ele pode verificar a sensibilidade de seus pés à vibração, ao toque suave e ao forte, e detectar os sinais precoces de danos.

décimo dia

Cardápio diário

- **Café-da-manhã: fatias de presunto cru e queijo mussarela light com figos frescos. Pão de centeio com patê de legumes**
- **Lanche matinal: uma porção de fruta**
- **Almoço: uma fatia de salmão defumado com suco de limão--siciliano no pão integral. Uma tigela de salada mista de folhas com azeite e vinagre balsâmico e salpicada com sementes e cenoura ralada. Iogurte bio light com fruta fresca**
- **Lanche da tarde: um punhado de amêndoas ou uma barra de chocolate amargo de 40-50 g**
- **Jantar: filé de frango ou de peixe marinado no azeite com estragão e alho picado, e grelhado. Duas ou três batatinhas em conserva cozidas (opcional). Milho. Verdura de folhas verde-escuras. Figos com creme de framboesa (*veja. p. 108*).**
- **Bebidas: 570 ml de leite desnatado ou semidesnatado. Suco de frutas ou de legumes preparado na hora. Chá verde, preto, branco ou de ervas e água mineral à vontade**
- **Suplementos: veja p. 81**

Rotina diária de exercícios

Faça os exercícios para diminuir a cintura da primeira semana do programa e acrescente os alongamentos do 8º e 9º dias. A seguir, faça o alongamento abaixo. Durante o dia, caminhe em ritmo acelerado por 25 minutos.

Alongamento dos glúteos

1. Deite no chão com os braços estendidos na altura dos ombros.
2. Dobre a perna direita e coloque o pé no chão, do lado externo da perna esquerda.
3. Com a mão esquerda, puxe lentamente o joelho direito sobre o corpo para a esquerda o máximo que conseguir.
4. Mantendo a mão direita aberta no chão, gire a cabeça e olhe ao longo do braço. Puxe suavemente um pouco mais a perna direita para cima do corpo para o lado esquerdo (não alongue demais). Você deverá sentir o glúteo direito sendo forçado.
5. Permaneça assim por 10 segundos, respirando suave e profundamente. Relaxe e repita com a perna esquerda.

Respiração da ioga

Hoje, gostaria de apresentar um exercício de respiração da ioga ou pranayama. Esta técnica é usada na ioga para acalmar e reduzir o estresse, o que, por sua vez, pode diminuir os níveis de glicose, neutralizando a resposta de "lutar ou fugir". Este exercício é simples, apesar de ter efeito poderoso sobre o corpo.

Expirações relaxantes

1. Deite de costas com os braços relaxados ao lado.
2. Com os olhos fechados, respire lentamente pelo nariz, contando até quatro. Depois expire lentamente pelo nariz, contando até oito, para que a expiração dure duas vezes mais que a inspiração.
3. Inspire e expire assim até começar a se acalmar.
4. Agora sincronize a respiração com os movimentos dos braços. À medida que inspira lentamente, eleve os dois braços em direção ao teto. Enquanto faz isso, sinta os pulmões expadirem e o oxigênio entrar. Depois, ao expirar, abaixe os braços até a posição inicial e relaxe.
5. Repita a sequência 5 vezes. Depois, fique quieto deitado e sinta a sensação de relaxamento.

programa suave décimo primeiro dia

Cardápio diário

- **Café-da-manhã: müsli de maçã (*veja p. 100*) com canela em pó**
- **Lanche matinal: uma porção de fruta**
- **Almoço: salada preparada com um punhado de grão-de-bico, pimentão vermelho picado, milho, brotos de feijão e um pouco de gengibre ralado sobre uma base de rúcula. Sirva com molho de nozes e alho (*veja p. 103*). Iogurte bio light com fruta fresca**
- **Lanche da tarde: um punhado de amêndoas ou uma barra de chocolate amargo de 40-50 g**
- **Jantar: carne de porco com gengibre à moda oriental (*veja p. 107*). Legumes mistos refogados. Uma porção pequena de arroz integral ou selvagem (opcional). Uma fatia grande de melancia**
- **Bebidas: 570 ml de leite desnatado ou semidesnatado. Suco de frutas ou de legumes preparado na hora. Chá verde, preto, branco ou de ervas e água mineral à vontade**
- **Suplementos: veja p. 81**

No jantar de hoje há arroz selvagem, benéfico para os diabéticos, considerando que sua carga glicêmica (CG) é 18 e seu índice glicêmico (IG), 57. Esses valores são mais baixos do que os do arroz branco (CG 23, IG 64).

Rotina diária de exercícios

Faça os exercícios da primeira semana do programa para diminuir a cintura e os alongamentos do 8º ao 10º dias. Agora, acrescente o alongamento abaixo. Faça uma caminhada em ritmo acelerado de 25 minutos.

Relaxamento das pernas

1. Deite de bruços com a cabeça voltada para o lado e os braços esticados para cima.
2. Dobre o joelho direito para trás e segure o tornozelo com a mão direita. Puxe o pé na direção das nádegas, até sentir o alongamento do quadril e da coxa.
3. Fique assim por 10 segundos, respirando lenta e profundamente. Relaxe e repita o movimento com a perna esquerda.

Meditação

Esta meditação ajuda a diminuir os níveis de hormônios do estresse na circulação – o cortisol e a adrenalina –, que têm efeito adverso no controle da glicemia.

Meditação com vela

1. Escolha uma vela aromática com uma fragrância relaxante, como gerânio, lavanda ou baunilha.
2. Sente-se em uma sala escura a 30 cm da chama.
3. Concentre-se na chama por 15 minutos. Receba os pensamentos que lhe vierem à cabeça e volte o foco para a chama.
4. Quando se sentir pronto, volte ao presente e apague a chama.

Bebida de canela

Pesquisas indicam que a canela reduz a glicemia, melhorando a sensibilidade à insulina. Também pode diminuir a absorção de carboidratos pelo intestino delgado. Além de utilizar a canela nas receitas, beba chás de ervas com canela, e se possível consuma suplementos de canela, desde que não contenham cumarinas, substâncias que podem ser muito tóxicas.

décimo segundo dia

Cardápio diário

- **Café-da-manhã: dois ovos mexidos. Tomates grelhados. Duas fatias de bacon magro. Torrada integral com patê de legumes**
- **Lanche matinal: uma porção de fruta**
- **Almoço: salada niçoise (*veja p. 102*). Iogurte bio light com fruta fresca**
- **Lanche da tarde: um punhado de amêndoas ou uma barra de chocolate amargo de 40-50 g**
- **Jantar: chilli vegetariano (*veja p. 104*). Arroz integral ou vermelho. Uma tigela de salada de folhas com azeite e vinagre balsâmico. Peras grelhadas com amêndoas, hortelã e iogurte (*veja p. 108*)**
- **Bebidas: 570 ml de leite desnatado ou semidesnatado. Suco de frutas ou de legumes preparado na hora. Chá verde, preto, branco ou de ervas e água mineral à vontade**
- **Suplementos: veja p. 81**

O jantar de hoje, chilli sem carne, é uma alternativa rica em fibras para o tradicional prato de carne. O feijão-roxinho, o feijão-rajado e o trigo para quibe são excelentes fontes de fibras e desaceleram a absorção de carboidratos, ajudando a equilibrar a glicemia.

Rotina diária de exercícios

Depois de fazer os exercícios da primeira semana para diminuir a cintura, faça os alongamentos do 8º ao 11º dias e o alongamento abaixo. Durante o dia, faça uma caminhada em ritmo acelerado de 25 minutos.

Postura da cobra suave

1. Deite de bruços, com as pernas juntas e relaxadas, e alongue os dedos dos pés para trás, o máximo possível.
2. Levante-se apoiando nas mãos e antebraços e erga a cabeça, o pescoço e a parte superior do peito. Mantenha a cabeça alinhada com a coluna, com os quadris assentados no chão e as pernas ainda relaxadas.
3. Olhe para a frente enquanto sustenta o peso da parte superior do corpo nas mãos e antebraços. Não eleve muito o corpo – não se deve sentir pressão na parte inferior das costas.
4. Permaneça na postura da cobra por 5 respirações lentas e profundas

Terapia magnética

Os ímãs melhoram a circulação e ajudam a curar a área em que são usados. Os efeitos terapêuticos também irradiam pelo corpo. Um emplasto magnético melhora a circulação nos membros inferiores, a ponto de ser utilizado com fins medicinais, ajudando na cura de úlceras persistentes nas pernas.

Compre uma joia magnética – uma pulseira, um colar, um cinto, um pingente, um anel ou um relógio – e use o tempo todo.

Se você sofre de cãibras noturnas devido à circulação deficiente nas pernas, coloque um emplasto magnético sobre o músculo responsável à noite – isso ajuda a evitar o problema.

programa suave décimo terceiro dia

Cardápio diário

- **Café-da-manhã: mingau de aveia com framboesas e amêndoas (*veja p. 101*)**
- **Lanche matinal: uma porção de fruta**
- **Almoço: uma tigela de salada de folhas mistas com azeite e vinagre balsâmico, salpicada com sementes, cenoura ou nabo ralado, fatias de abacate, mussarela e tomate e manjericão. Um pãozinho integral (opcional). Iogurte bio light com fruta fresca**
- **Lanche da tarde: um punhado de amêndoas ou uma barra de chocolate amargo de 40-50 g**
- **Jantar: camarões picantes com abobrinhas (veja p. 105). Legumes mistos refogados. Salada de abacaxi, tâmara e coco (veja p. 108)**
- **Bebidas: 570 ml de leite desnatado ou semidesnatado. Suco de frutas ou de legumes preparado na hora. Chá verde, preto, branco ou de ervas e água mineral à vontade**
- **Suplementos: veja p. 81**

Rotina diária de exercícios

Continue a série de exercícios abdominais que aprendeu na primeira semana. Depois faça os alongamentos do 8º ao 12º dias, seguidos pelo de hoje. Durante o dia, caminhe em ritmo acelerado por 25 minutos.

Alongamento em prece

1. A partir da posição da cobra (veja p. 95) empurre as mãos até ficar de quatro. Sente sobre os calcanhares com os dedos virados para trás.
2. Abra os joelhos, inspire profundamente e, ao expirar, mergulhe a parte superior do corpo entre eles. Mantenha as nádegas apoiadas nos pés. Deixe a testa tocar o chão.
3. Mantenha os braços alongados confortavelmente à sua frente sobre o chão. Relaxe os ombros.
4. Permaneça nessa posição por 10 segundos, aumentando o tempo aos poucos até 1 minuto ou mais, nas próximas semanas.

Visualização

A técnica de visualização do *biofeedback* foi planejada para melhorar a função do pâncreas. É possível praticá-la todos os dias, sempre que estiver sentado, em pé ou esperando em silêncio.

Visualize o pâncreas

1. Sente-se confortavelmente. Com os olhos abertos ou fechados, concentre-se no pâncreas, que se localiza bem dentro do abdome, atrás do estômago.
2. Para ajudar a visualizar a posição, faça um círculo com o polegar direito e o dedo mínimo e, mantendo os outros três dedos juntos, coloque a mão no centro do abdome, bem abaixo das costelas, de modo que os três dedos fiquem retos apontando para a esquerda. O pâncreas está localizado sob sua mão.
3. Imagine o sangue fluindo para o pâncreas, levando o oxigênio e os nutrientes que irão melhorar o seu funcionamento. Pratique essa visualização por 10-15 minutos.

décimo quarto dia

Cardápio diário

- **Café-da-manhã: musli com fruta fresca**
- **Lanche matinal: uma porção de fruta**
- **Almoço: salada de agrião com abacate e amêndoas (*veja p. 103*). Pãozinho integral (opcional). Iogurte bio light com fruta fresca**
- **Lanche da tarde: um punhado de amêndoas ou uma barra de chocolate amargo de 40-50 g**
- **Jantar: filé de peru marinado em azeite e 1 colher (sopa) de ervas mistas picadas, e depois grelhado. Ervilhas. Cenouras. Uma porção pequena de quinua (opcional). Um punhado de uvas**
- **Bebidas: 570 ml de leite desnatado ou semidesnatado. Suco de frutas ou de legumes preparado na hora. Chá verde, preto, branco ou de ervas e água mineral à vontade**
- **Suplementos: veja p. 81**

O agrião do almoço de hoje é uma ótima fonte de vitamina C e magnésio, ambos muito importantes para os diabéticos (*veja pp. 64 e 65*).

Rotina diária de exercícios

Depois dos exercícios abdominais da primeira semana e dos alongamentos do 8º ao 13º dias, acrescente o alongamento abaixo. Termine relaxando na postura do cadáver (também abaixo). Caminhe em ritmo acelerado por 25 minutos.

Alongamento lateral

1. Sente-se no chão com as pernas esticadas e separadas. Descanse as mãos nos joelhos.
2. Flexione levemente a perna direita, erga o braço direito e, com os músculos abdominais contraídos, incline-se adiante para a esquerda, levando a mão esquerda ao longo da perna o mais distante possível.
3. Respire lenta e profundamente, movimente o braço direito para cima e o braço esquerdo para baixo, na direção do pé esquerdo, até um ponto em que ainda se sinta confortável. Permaneça nessa posição por 10 segundos e relaxe. Repita o alongamento do outro lado.

Postura do cadáver (savasana)

1. Deite de costas com os braços ao lado e as palmas das mãos para cima.
2. Relaxe os quadris, deixando os pés caírem confortavelmente para os lados.
3. Feche os olhos e relaxe. Deixe seu corpo afundar no chão. Nessa posição, respire lenta e profundamente por 5-10 minutos.

Consulte um aromaterapeuta

Agora que você terminou os primeiros 14 dias do programa, sugiro uma massagem aromaterapêutica. Um especialista selecionará os óleos essenciais apropriados; poderão ser óleos relaxantes, que estimulem a circulação ou que ajudem a melhorar as condições da pele. Ele irá misturá-los, adicionar um óleo base, e aplicar a mistura sobre a pele utilizando técnicas de massagem sueca. Alguns aromaterapeutas também estimulam pontos de acupressão. Uma massagem corporal completa dura cerca de 60 minutos; depois você se sentirá relaxado e descansado.

a sequência do programa suave

Parabéns – você acompanhou o programa suave por 2 semanas. Agora, sugiro que repita o planejamento alimentar para completar a experiência de um mês com essa alimentação. Depois, fique à vontade para fazer as adaptações que levem em conta suas preferências e estilo de vida. Comece a diversificar os alimentos e inclua novas receitas para variar.

Sua dieta a longo prazo

A dieta do programa suave é uma alimentação de IG baixo, que limita o consumo de carboidratos de ação rápida, que elevam rapidamente os níveis de glicose no sangue. Continue a consumir pão, macarrão e cereais integrais, em vez dos produtos feitos com farinha branca, e limite o número de porções de 2-8 por dia, dependendo de sua taxa glicêmica, peso e nível de atividade. Uma porção equivale a uma fatia de pão integral e 100 g de arroz ou macarrão integral cozido.

Em geral, se a glicemia não estiver tão controlada como gostaria, se precisar perder peso, ou se não for muito ativo, diminua a ingestão de carboidratos; por exemplo, coma 3 porções em vez de 4, e fique de olho nos seus níveis de glicose. Uma dieta com baixo teor de glicose pode ajudá-lo a perder peso mais facilmente do que uma dieta convencional de baixas calorias ou de baixo teor de gordura. Tenha por objetivo comer apenas o necessário para se sentir saciado. Lembre-se de que sempre poderá comer um pouco mais depois. De fato, várias pequenas refeições por dia ajudam a perder peso mais do que o consumo de 3 grandes refeições. Beliscar em vez de devorar também pode estabilizar os níveis de glicose.

Limite-se ao consumo de no mínimo 4-5 porções de legumes e verduras, e saladas (sem batatas), e 2-3 porções de frutas por dia como lanche. Veja na p. 57 informações sobre a composição de uma porção de frutas, legumes e verduras. Varie as frutas, legumes e verduras, e planeje um arco-íris em seu prato – as cores estão relacionadas à diversidade de pigmentos antioxidantes saudáveis encontrados nas frutas, legumes e verduras.

Continue a optar por 2-3 porções de laticínios desnatados (probióticos, ricota e queijo) e fontes saudáveis de proteínas, como peixes, aves e carne vermelha magra. O ideal é não consumir

Substitutos do açúcar

Se precisar adoçar os alimentos, há alternativas mais saudáveis que o açúcar branco (sacarose), cujo IG é 64.
A frutose, por exemplo, é o açúcar das frutas, de IG 23 – que é absorvido menos rapidamente que a sacarose e, assim, produz uma elevação menos repentina da glicemia. O néctar de agave, extraído da planta agave, tem IG ainda menor: 11. O adoçante xilitol, um poliálcool, também tem IG 11, mas utilize-o esporadicamente (*veja p. 46*). O adoçante da erva estévia, feito com folhas de um arbusto tropical, também é uma alternativa saudável à sacarose.

porções de proteína maiores que 100 g. Também coma pelo menos uma porção de nozes, sementes e feijão por dia.

Adapte receitas

Para variar, comece a usar suas próprias receitas, adaptando-as quando necessário. A maioria das receitas pode ser facilmente adaptada, substituindo-se o sal por ervas ou pimenta-do-reino, e o creme de leite por iogurte natural desnatado. Experimente para ver o que funciona melhor. Acrescente iogurte aos molhos e cozidos depois que saírem do fogo, para não talharem ou ficarem com má aparência. Ou então estabilize o iogurte, misturando 1 colher (chá) de amido de milho para cada 150 ml de iogurte antes de cozinhá-lo. Outra opção é utilizar a coalhada, que tem mais gordura e tende a talhar menos.

Seu regime de suplementos a longo prazo

Continue a tomar a seleção de suplementos escolhida (*veja p. 81*). Se a sua glicemia ainda não estiver tão boa quanto gostaria, experimente outros suplementos dentre os recomendados ou da lista opcional. As pesquisas confirmam que o uso de suplementos traz resultados pequenos porém significativos no controle da glicose no sangue, e protege contra o desenvolvimento de complicações.

Sua rotina de exercícios a longo prazo

Depois de fazer os exercícios para reduzir a cintura, perceberá uma diferença na potência dos músculos abdominais e na medida da cintura. Continue com os exercícios abdominais e os alongamentos, e faça pelo menos 30 minutos de exercícios em ritmo acelerado, quase todos os dias. Aumente a carga assim que se sentir preparado. A ampliação do nível de exercícios físicos é muito importante caso tenha diabetes tipo 2, pois reduz a resistência à insulina e ajuda a perder peso.

Se quiser fazer outras atividades além da caminhada acelerada, experimente o ciclismo, a natação, a dança, a jardinagem, o boliche ou o golfe – o que preferir. Qualquer atividade que o deixar aquecido e levemente ofegante é benéfica. Não é preciso fazer todos os exercícios de uma vez – 2 sessões diárias de 15 minutos ou 3 de 10 minutos podem garantir sua saúde a longo prazo da mesma forma que uma sessão de 30 minutos.

Continue com as sequências de ioga ao final do dia – a prática regular de ioga melhora o nível de glicose no sangue, além de promover bem-estar e uma boa noite de sono.

Seu programa de terapia

Prossiga com as terapias caseiras que indiquei no programa e, se achar útil, marque consultas regulares com um homeopata e/ou um aromaterapeuta.

Monitore a glicose no sangue

Registre regularmente seus níveis de glicose (com a frequência indicada por seu médico). Se o nível de glicose no sangue estiver entre 4-7 mmol/l (72-126 mg/dl), você pode permanecer no programa suave, que parece estar funcionando para você.

Se a glicemia estiver regularmente acima de 7 mmol/l (126 mg/dl), recomendo passar para o programa moderado. Se os níveis estiverem regularmente acima de 10 mmol/l (180 mg/dl) ou abaixo de 4 mmol/l (72 mg/dl), procure o médico para um aconselhamento individual, pois sua medicação pode precisar de ajustes. Busque orientação médica se sua pressão arterial em casa estiver constantemente acima de 130/80 mmHg.

receitas do programa suave café-da-manhã

ovos cozidos no tomate

rendimento: 4 porções

5 tomates grandes e firmes
4 ovos enriquecidos com ômega-3
1 talo de cebolinha picada
8 folhas de manjericão rasgadas
pimenta-do-reino moída na hora

1 Preaqueça o forno a 180°C.
2 Corte uma tampa na parte superior de 4 tomates. Retire a polpa. Coloque os tomates em uma assadeira e quebre um ovo dentro de cada um. Tempere com pimenta-do-reino e asse por 15 minutos.
3 Pique bem as tampas, a polpa e o outro tomate. Coloque em uma panela com a cebolinha e as folhas de manjericão e cozinhe em fogo brando por 10 minutos.
4 Derrame o molho sobre os tomates recheados e sirva imediatamente.

forminhas de espinafre

rendimento: 4 porções

175 g de espinafre cozido
4 ovos enriquecidos com ômega-3
55 g de queijo light ralado
páprica para salpicar
pimenta-do-reino moída na hora

1 Preaqueça o forno a 180°C.
2 Distribua o espinafre em 4 forminhas refratárias. Bata bem os ovos, junte a maior parte do queijo e tempere com pimenta-do-reino.
3 Derrame os ovos batidos sobre o espinafre e polvilhe o queijo restante por cima.
4 Adicione a páprica e asse por 15 minutos ou até os ovos firmarem.

müsli de maçã

rendimento: 4 porções

225 g de aveia em flocos
455 ml de leite de amêndoas (ou de vaca semidesnatado ou de soja)
60 ml de suco de maçã sem açúcar
um punhado de uvas-passas
um punhado de nozes
canela em pó para salpicar
1 maçã

1 Na véspera, coloque todos os ingredientes, exceto a maçã, em uma tigela. Misture bem. Tampe e deixe na geladeira durante a noite.
2 Na manhã seguinte, antes de servir, rale a maçã e misture com o müsli.

mingau de aveia com framboesas e amêndoas

rendimento: 4 porções

150 g de aveia
150 ml de leite de amêndoas (ou semidesnatado ou de soja)
600 ml de água fervente
120 ml de ricota light
250 g de framboesas frescas (ou congeladas)
suco de 1 laranja
um punhado de amêndoas fatiadas

1 Na véspera, misture a aveia e o leite em uma panela pequena e mexa até formar uma pasta. Acrescente a água fervente, aqueça e apure em fogo brando por 15 minutos, mexendo de vez em quando.
2 Retire do fogo e deixe esfriar antes de colocar na geladeira.
3 De manhã, antes de servir, misture a ricota no mingau e distribua em 4 tigelas.
4 Coloque as framboesas e o suco de laranja no liquidificador e bata até formar um purê. Derrame sobre o mingau, espalhe as amêndoas fatiadas por cima e sirva.

hadoque defumado com tomate

rendimento: 4 porções

1 cebola-roxa bem picada
um pouco de azeite
4 tomates bem picados
400 g de hadoque defumado (sem corante) sem pele e sem espinha picado
60 ml de iogurte desnatado
pimenta-do-reino moída na hora

1 Refogue a cebola em um pouco de azeite, até murchar. Junte os tomates e o peixe, e tempere bem com pimenta.
2 Mexa por 5 minutos até aquecer bem. Misture o iogurte pouco antes de servir.

mingau de aveia com framboesas e amêndoas

almoço receitas

salada niçoise

rendimento: 4 porções

400 g de vagem limpa
1 alface americana rasgada
um punhado de rúcula
200 g de atum em lata no azeite (drenado)
8 tomates-cerejas cortados ao meio
8 batatas de conserva cozidas descascadas (resfriadas e cortadas ao meio)
2 ovos enriquecidos com ômega-3 cozidos duros cortados ao meio
8 azeitonas pretas sem caroço e cortadas ao meio
2 talos de cebolinha picados
um punhado de salsa fresca
algumas cebolinhas
1 lata pequena de filé de anchovas (drenadas e enxaguadas)

Molho:
60 m de azeite extravirgem
3 colheres (chá) de vinagre balsâmico
1 dente de alho amassado
1 colher (chá) de mostarda em grão
pimenta-do-reino moída na hora

1 Cozinhe a vagem no vapor por 5 minutos.
2 Ponha todos os ingredientes da salada, exceto as anchovas, em uma tigela.
3 Coloque todos os ingredientes do molho em um pote com tampa, tempere com pimenta-do-reino, agite e regue com ele a salada. Misture delicadamente. Distribua os filés de anchovas por cima e sirva.

sopa de lentilhas e batata-doce

rendimento: 4 porções

1 litro de caldo de legumes ou água
100 g de lentilhas
2 batatas-doces médias descascadas e picadas
1 cebola picada
1 cenoura picada
2 dentes de alho amassados
suco e raspas de 2 limões-sicilianos
pimenta-do-reino moída na hora

Para servir:
iogurte natural
4 damascos secos picados
um punhado de folhas de coentro picadas

1. Coloque o caldo ou a água, as lentilhas, as batatas-doces, a cebola, a cenoura e o alho em uma panela e deixe ferver. Diminua o fogo e apure lentamente por 20 minutos.
2. Bata a sopa no liquidificador até ficar cremosa. Misture o suco e as raspas de limão e tempere com pimenta-do--reino.
3. Distribua em 4 tigelas. Regue com um pouco de iogurte e espalhe os damascos e o coentro por cima

salada de agrião com abacate e amêndoas

rendimento: 4 porções

quatro punhados de folhas de agrião
1 abacate cortado ao meio fatiado
1 laranja grande descascada e fatiada
2 talos de cebolinha picados
um punhado de amêndoas inteiras

Molho de nozes e alho:
1 dente de alho amassado
30 ml de óleo de nozes
suco e raspas de 1 limão
pimenta-do-reino moída na hora

1. Coloque os ingredientes da salada em uma tigela.
2. Bata os ingredientes do molho e derrame sobre a salada. Tempere com bastante pimenta-do-reino.

sopa de feijão com tomate

rendimento: 4 porções

225 g de feijão-branco deixado de molho
2 dentes de alho amassados
1 cebola picada
um pouco de azeite
1 litro de caldo de legumes ou água
1 cenoura picada
1 talo de aipo picado
350 g de tomates descascados e picados
3 colheres (chá) de purê de tomate
suco e raspas de 1/2 limão-siciliano
um ramo de alecrim (ou tomilho) fresco
1 folha de louro
um punhado de salsa fresca para servir
pimenta-do-reino moída na hora

1. Coloque o feijão em uma panela e cubra com água. Ferva. Cozinhe lentamente por 20 minutos.
2. Frite o alho e a cebola no azeite. Junte o caldo, os legumes, o purê de tomate, o feijão (escorrido) e as ervas. Tampe e cozinhe por 1 hora.
3. Retire o louro. Reserve uma concha de legumes e bata a sopa. Reaqueça em uma panela.
4. Devolva os legumes para a sopa, com o suco e as raspas de limão. Salpique com a salsa e a pimenta-do-reino.

jantar receitas

salada de frango, framboesa e batata

rendimento: 4 porções

450 g de batatas descascadas cozidas e resfriadas
3 peitos de frango assados (sem pele)
quatro punhados de rúcula
12 tomates-cerejas
½ pepino picado
um punhado de framboesas
um punhado de estragão picado

Molho:
1 dente de alho amassado
30 ml de azeite extravirgem
2 colheres (chá) de vinagre de framboesa
pimenta-do-reino moída na hora

1 Corte as batatas e o frango em pedaços.
2 Coloque sobre as folhas de rúcula e disponha os tomates, o pepino e as framboesas por cima.
3 Junte os ingredientes do molho em um pote com tampa, agite bem e tempere com bastante pimenta-do-reino. Regue a salada com o molho, mexa delicadamente, salpique o estragão e sirva imediatamente.

chilli vegetariano

rendimento: 4 porções

250 g de feijão roxo e rajado deixados de molho
1 cebola-roxa picada
2 dentes de alho amassados
1 colher (chá) de sementes de cominho moídas na hora
1 pimentão vermelho picado
1 pimentão verde picado
um pouco de azeite
2 pimentas-malaguetas sem sementes
8 tomates picados
250 ml de caldo de legumes ou água
35 g de trigo bulgor
um punhado de coentro fresco picado
pimenta-do-reino moída na hora

1 Lave o feijão, coloque em uma panela, cubra com água e cozinhe lentamente por 60-90 minutos, até ficar macio.
2 Refogue a cebola, o alho, o cominho e os pimentões picados no azeite por 5 minutos. Junte a pimenta, os tomates, o feijão e o caldo ou a água, e apure lentamente por 20 minutos, mexendo de vez em quando.
3 Adicione o trigo bulgor e o coentro, tampe e cozinhe por 10 minutos até o trigo ficar macio. Tempere com a pimenta-do-reino.

frango recheado "en papillote"

rendimento: 4 porções

4 peitos de frango desossados e sem pele
8 tomates secos picados
8 folhas de manjericão rasgadas
60 ml de iogurte natural desnatado
4 dentes de alho amassados
60 ml de vinho branco
pimenta-do-reino moída na hora

1 Preaqueça o forno a 180°C.
2 Faça uma abertura profunda no centro de cada peito de frango.
3 Misture os tomates secos, o manjericão e o iogurte. Tempere bem com pimenta-do--reino.
4 Recheie os peitos com um pouco dessa mistura. Coloque cada um sobre um pedaço de papel-alumínio. Adicione um dente de alho e um pouco de vinho sobre cada pedaço. Levante o papel-alumínio e dobre a beirada para vedar bem.
5 Asse por 30 minutos ou até o frango cozinhar bem.

camarões picantes com abobrinhas

rendimento: 4 porções

1 cebola bem picada
4 dentes de alho amassados
2 cm de gengibre descascado e ralado
1 pimenta vermelha picada
um pouco de azeite
2 tomates picados
225 g de camarões descascados
450 g de abobrinhas em palitos
½ colher (chá) de sementes de cominho amassadas
2 colheres (chá) de grãos de coentro amassados
um punhado de coentro fresco picado
suco e raspas de 1 limão-siciliano
pimenta-do-reino moída na hora

1. Refogue a cebola, o alho, o gengibre e a pimenta vermelha no azeite por 2 minutos.
2. Adicione os tomates e cozinhe por mais 5 minutos, mexendo sem parar.
3. Junte os ingredientes restantes e cozinhe por mais 2 minutos ou até ficarem bem aquecidos. Tempere com a pimenta-do-reino e sirva.

linguado com molho de agrião

rendimento: 4 porções

4 filés de linguado pincelados com azeite
1 cebola picada
1 dente de alho amassado
1 maço de agrião
um pouco de azeite
100 ml de ricota
pimenta-do-reino moída na hora

1. Grelhe os filés de linguado por 8 minutos ou até cozinharem bem.
2. Refogue a cebola e o alho no azeite até murcharem. Adicione o agrião (reservando alguns ramos) e cozinhe por 2 minutos, mexendo até murchar, mas sem perder a cor.
3. Bata a mistura de agrião no liquidificador com a ricota até a mistura ficar homogênea.
4. Devolva o molho de agrião à panela limpa, tempere com pimenta-do-reino e requente em fogo brando.
5. Espalhe o molho de agrião sobre os filés de linguado, enfeite com os ramos de agrião reservados e sirva.

salmão com creme de limão e dill

rendimento: 4 porções

150 ml de ricota
suco e raspas de 1 limão-siciliano
um punhado de dill fresco picado
4 filés de salmão
pimenta-do-reino moída na hora

1. Preaqueça o forno a 180°C.
2. Misture a ricota, o suco e raspas de limão e o dill. Tempere bem com a pimenta-do-reino.
3. Disponha os filés de salmão em uma travessa refratária rasa. Coloque o creme de limão com dill sobre os filés e cubra com papel-alumínio. Asse por 15-20 minutos até a carne do peixe cozinhar.

curry de frango

rendimento: 4 porções

200 ml de iogurte natural bio light
4 peitos de frango desossados sem pele picados
1 cebola grande fatiada
4 dentes de alho
um pouco de azeite
3 cm de gengibre fresco descascado e ralado
2 pimentas vermelhas sem sementes picadas (opcional)
2 punhados de legumes e verduras variados (batata, cenoura, quiabo, espinafre e grão-de-bico – deixe de molho na véspera)
600 ml de água
dois punhados de folhas de coentro picadas, e um pouco para guarnecer

Para o curry em pó:
3 colheres (chá) de coentro em grão
1 colher (chá) de sementes de cominho
1 colher (chá) de feno-grego
1 colher (chá) de sementes de mostarda
1 colher (chá) de cúrcuma
6 vagens de cardamomo verde
6 grãos de pimenta-do-reino
2 cravos
2 cm de canela em pau
1 folha de louro

1 Triture grosseiramente todos os ingredientes para fazer o curry em pó. Misture com o iogurte e o frango, tampe e deixe marinar na geladeira por 2 horas pelo menos.

2 Frite a cebola e o alho em um pouco de azeite até pegarem cor. Junte o frango e a mistura de iogurte e cozinhe por 10 minutos, mexendo sem parar. Adicione o gengibre, as pimentas, os legumes restantes e a água. Tampe e deixe apurar em fogo brando por 30 minutos.

3 Adicione o coentro e cozinhe por mais 10 minutos, reduzindo o líquido a um molho denso. Salpique as folhas de coentro.

berinjelas recheadas

rendimento: 4 porções

2 berinjelas pequenas
2 cebolas picadas
2 dentes de alho amassados
um pouco de azeite
2 pimentões vermelhos picados
200 g de tomates picados
um punhado de salsa fresca picada
12 folhas de manjericão rasgadas
50 g de nozes picadas
pimenta-do-reino moída na hora

1. Preaqueça o forno a 180°C.
2. Corte as berinjelas ao meio e retire a polpa, deixando a casca intacta.
3. Cozinhe as cascas por 20 minutos até ficarem tenras.
4. Frite as cebolas e o alho em um pouco de azeite até ficarem macios. Pique grosseiramente a polpa da berinjela e junte com a cebola e o pimentão vermelho. Cozinhe por 10 minutos até a berinjela ficar macia – se necessário, junte um pouco de água para os legumes não grudarem na panela.
5. Adicione os tomates, a salsa, o manjericão e tempere bem com pimenta-do-reino. Apure em fogo brando por 20 minutos.
6. Distribua a mistura entre as cascas de berinjela. Espalhe as nozes e asse por mais 20 minutos.

carne de porco com gengibre à moda oriental

rendimento: 4 porções

2 dentes de alho amassados
30 ml de shoyu light
30 ml de azeite
3 cm de gengibre descascado e ralado
1 lombo de porco médio fatiado
um punhado de brotos de feijão
um punhado de ervilha-torta
1 pimentão vermelho sem pele
1 pimentão verde sem pele
4 talos de cebolinha picados
1 acelga pequena em fatias
pimenta-do-reino moída na hora

1. Misture o alho, a soja, o azeite e o gengibre ralado. Tempere bem com pimenta-do-reino e coloque a mistura sobre a carne de porco. Tampe e deixe marinar na geladeira por 1 hora.
2. Aqueça um pouco de azeite em uma panela wok, junte a carne de porco, os legumes e as verduras e frite até a carne cozinhar e os vegetais ficarem crocantes.

espetos de cordeiro com raita

rendimento: 4 porções

450 g de filés de cordeiro magro em cubos
4 abobrinhas pequenas em pedaços
60 ml de shoyu light
30 ml de azeite
2 dentes de alho amassados
3 cm de gengibre fresco ralado
8 cebolas-roxas fervidas e descascadas
pimenta-do-reino moída na hora

Raita:
½ pepino ralado
1 dente de alho amassado
um punhado hortelã picada
150 ml de iogurte desnatado

1. Misture a carne de cordeiro, as abobrinhas, o shoyu, o azeite, o alho e o gengibre. Tempere com pimenta-do-reino, tampe e deixe marinar na geladeira por 2 horas pelo menos ou durante a noite.
2. Preaqueça uma grelha ou uma churrasqueira. Enfie a carne de cordeiro, as abobrinhas e as cebolas em espetos de bambu molhados ou de metal. Grelhe por 15-20 minutos até assarem.
3. Faça a raita: misture o pepino, o alho, a hortelã e o iogurte e tempere com pimenta-do-reino. Sirva com os espetos.

sobremesa receitas

frutas tropicais ao forno

rendimento: 4 porções

½ abacaxi pequeno sem casca nem miolo
2 bananas maduras
1 manga madura grande descascada
suco de 1 laranja grande
suco e raspas de 1 limão
iogurte ou queijo branco (acompanhamento)

1 Preaqueça o forno a 180°C.
2 Fatie as frutas no sentido do comprimento. Coloque em uma assadeira forrada com papel-alumínio.
3 Levante as bordas do papel-alumínio ao redor das frutas, derrame o suco de laranja e as raspas e o suco do limão. Feche o papel-alumínio sobre as frutas, vedando bem.
4 Asse por 25 minutos. Sirva com iogurte ou queijo branco.

salada de abacaxi, tâmara e coco

rendimento: 4 porções

1 abacaxi pequeno em cubos
12 tâmaras picadas
um punhado de coco fresco ralado
um punhado de hortelã fresca picada

1 Misture o abacaxi e as tâmaras. Salpique o coco e a hortelã ao servir.

figos com creme de framboesa

rendimento: 4 porções

250 g de tofu silken
quatro punhados de framboesas frescas, e um pouco para guarnecer
12 figos frescos
30 ml de vinho tinto

1 Amasse o tofu e metade das framboesas. Faça dois cortes profundos em cruz nos figos, mas sem separar a fruta.
2 Abra o figo em quatro, cuidadosamente, formando pétalas. Com uma colher, coloque o creme de tofu com framboesa no centro dos figos.
3 Coloque as framboesas restantes e o vinho tinto no liquidificador e bata até formar um purê.
4 Coloque 3 figos em cada prato, acrescente o purê e as framboesas reservadas e sirva.

peras grelhadas com amêndoas, hortelã e iogurte

rendimento: 4 porções

4 peras sem o miolo cortadas ao meio
100 ml de iogurte natural light
um punhado de amêndoas fatiadas, e um pouco para guarnecer
2 ramos de hortelã picada, e um pouco para guarnecer

1 Grelhe as peras por 3 minutos de cada lado. Disponha em um prato com a parte interna voltada para cima.
2 Misture o iogurte, as amêndoas e a hortelã, e recheie as peras. Guarneça com as amêndoas e as folhas de hortelã reservadas.

salada de frutas vermelhas com baunilha

rendimento: 4 porções

um punhado de mirtilos picados
um punhado de framboesas picadas
um punhado de morangos picados
400 ml de iogurte desnatado
2 gotas de essência de baunilha
dois punhados de granola

1 Misture as frutas e disponha-as em 4 tigelinhas. Misture o iogurte com a baunilha. Com uma colher, coloque o iogurte sobre as frutas e polvilhe a granola por cima.

À direita: peras grelhadas com amêndoas, hortelã e iogurte

introdução ao programa moderado

No programa moderado, há 14 planos diários, que podem ser repetidos criando um programa de 28 dias. É ideal para as pessoas que já seguem uma dieta saudável, com muitas frutas frescas, legumes e verduras, e para os que já completaram o programa suave e querem continuar; ou para pessoas que desejam obter mais benefícios que os proporcionados pelo programa suave.

A dieta do programa moderado

Esta dieta é uma forma de consumir alimentos com índice glicêmico baixo baseada na dieta mediterrânea. Há cerca de 50 anos, pesquisadores perceberam que os habitantes da região mediterrânea tinham taxas extraordinariamente baixas de doenças coronarianas, apesar do consumo relativamente alto de gordura. A maior parte dessa gordura era ingerida na forma de azeite rico em monoinsaturados. Constatou-se que havia uma consequência benéfica para o sistema cardiovascular, por estimular os níveis de gordura saudáveis no sangue. O interessante é que tais efeitos benéficos eram maiores nas pessoas resistentes à ação da insulina, tornando a dieta mediterrânea ideal para os portadores de diabetes tipo 2. Cada vez mais, as pessoas com diabetes são incentivadas a fazer uma dieta de baixo carboidrato e alto teor de gordura monoinsaturada, especialmente se também tiverem níveis elevados de triglicérides e de colesterol LDL.

Mude para o azeite Ficou provado que o acréscimo de 10-40 g de azeite na dieta diária, durante apenas 2 meses, melhora a forma como a glicose é conduzida para as células. O efeito é suficiente para diminuir significativamente os níveis de glicose e de insulina em jejum e para reduzir a resistência à insulina em portadores de diabetes tipo 2.

O azeite também pode ajudar a manter a pressão sob controle, o que é importante, pois a combinação de níveis elevados de glicose e de pressão aumenta significativamente os riscos para a saúde no futuro. O azeite diminui a pressão, ajudando a dilatar os pequenos vasos. Esse efeito é tão forte, que apenas a substituição da gordura usada comumente no cozimento por 30-40 g de azeite todos os dias pode reduzir pela metade a necessidade de anti-hipertensivos em um período de 6 meses. Se tomar esse medicamentos, registre cuidadosamente a pressão arterial durante o programa moderado. Relate quaisquer progressos ao médico. Se adotar uma dieta mediterrânea a longo prazo, talvez ele queira reduzir o uso desses medicamentos.

Consuma alimentos frescos e naturais A dieta mediterrânea utiliza alimentos naturais e frescos em abundância, inclusive maior quantidade de frutas, legumes e verduras, nozes, grãos integrais, peixe e alho do que a média das dietas ocidentais. Combinados com o azeite, esses alimentos são positivos para o nível de glicose e pressão arterial. Na verdade, os especialistas dizem que uma dieta baseada nesses alimentos ajuda a evitar 80 por cento dos ataques cardíacos e 70 por cento dos derrames (complicações do diabetes mal controlado por um longo período). A adoção de uma dieta mediterrânea por aqueles que já tiveram um ataque cardíaco diminui pela metade a chance de terem

Lista de compras

É preciso adquirir todos os alimentos e bebidas da lista de compras do programa suave (*veja p. 80*), além dos itens abaixo. Se possível, compre-os regularmente em pequenas quantidades, para que estejam sempre frescos.

bebidas
xerez seco (para cozinhar)

laticínios
coalhada seca
queijo de cabra
queijo de coalho
queijo feta

frutas, legumes e verduras
alcaparras
alho-poró
aspargos
cogumelos
erva-doce
espigas de milho
favas
figos secos
nectarinas

nozes, castanhas e sementes (sem sal)
amêndoas (trituradas)

ervas, especiarias, azeites
açafrão
capim-limão
manjerona ou orégano
pimenta-da-jamaica
pimenta-de-caiena
vinagre de vinho tinto

grãos
macarrão integral
pãezinhos integrais
pão integral e de grãos
pão sírio integral

proteínas
bifes finos de alcatra
peixe: bacalhau, tainha, arenque, cavala, mexilhão, pargo, robalo, sardinha, atum (fresco)

diversos
homus com baixo teor de gordura
mostarda de Dijon

outro ataque ou de morrerem em consequência de problemas cardíacos, em comparação com as pessoas que prosseguem com a alimentação habitual.

Beba vinho tinto Na dieta mediterrânea, é comum beber vinho tinto durante refeições. Seus benefícios para a saúde cardiovascular já estão comprovados (*veja p. 61*). Se quiser, pode consumir 150 ml de vinho tinto por dia no programa moderado. Porém, isso é opcional, e se está tentando perder peso, aconselho que se restrinja a dois copos nos finais de semana e não beba durante a semana (uma taça de vinho tinto contém cerca de 90 calorias). Por ser opcional, não incluí o vinho tinto no tópico "bebidas" dos cardápios diários.

Alimentos a serem evitados ou ingeridos em menor quantidade Assim como no programa suave, aconselho evitar os alimentos refinados e processados, como bolos, biscoitos, sopas enlatadas e refeições prontas. Se esses alimentos eram parte de sua alimentação, jogue-os fora e não os compre mais. Eles tendem a ter muito sal, açúcar, gorduras saturadas e trans (*veja p. 53*). Você verá que os cardápios das páginas seguintes têm várias guloseimas saudáveis, desde o chocolate até sobremesas saborosas, como a delícia de damasco com canela (*veja p. 141*).

Talvez constate também que a dieta do programa moderado contém menos carne vermelha do que você está habituado. Estudos demonstram que ingerir mais frutas, legumes e verduras e menos carne vermelha pode evitar o aumento da pressão arterial com a idade.

A rotina de exercícios do programa moderado

Este programa de exercícios é planejado para as pessoas que estão relativamente em forma e que já se exercitam regularmente. Se você tem angina ou um histórico de ataque cardíaco, peça orientação ao médico sobre a intensidade das atividades físicas que pode praticar. Exercite-se sempre com segurança (*veja p. 81*).

Os suplementos do programa moderado

A maioria destes suplementos já foi sugerida no programa suave, mas no programa moderado recomendo uma dosagem maior e mais terapêutica, quando for adequado. Você encontrará informações sobre estes suplementos e seus benefícios nas pp. 62-65. Converse sempre com o seu médico antes de tomar suplementos.

Os suplementos recomendados para o consumo diário

- Vitamina C (500 mg)
- Vitamina E (200 mg/300 i.u.)
- Ácido alfalipoico (100 mg)
- Selênio (100 mcg)
- Coenzima Q10 (60 mg)
- Cromo (200 mcg)
- Magnésio (300 mg)
- Zinco (15 mg)
- Vitaminas do complexo B (50 mg)
- Óleo de peixe ômega-3 (600 mg diários, por exemplo, 2 X 1 g de cápsulas de óleo de peixe, cada uma com 180 mg EPA + 120 mg DHA)

Suplementos diários opcionais (para benefícios adicionais)

- Pycnogenol (100 mg)
- Cápsulas de alho (com 1.000-1.500 mcg de alicina)
- Extrato de mirtilo (200 mg; padronizado com 25 por cento de antocianosídeos)
- Ácido linoleico conjugado (3 g)

Faça exercícios aeróbicos É provável que você já se exercite por 25 minutos quase todos os dias da semana. Agora, você pode aumentar a quantidade de exercícios aeróbicos para 30 minutos de caminhada em ritmo acelerado por dia, pelo menos 5 dias por semana. Se quiser, você também pode começar a usar a bicicleta. Os períodos de tempo sugeridos neste plano são o mínimo de exercício aeróbico necessário. Logo que se sentir capaz de aumentar a atividade, faça-o. Enquanto se exercita, lembre-se de monitorar o pulso por 10 segundos (*ver p. 80*), para ver se não está sobrecarregando o seu organismo.

Inclua exercícios de musculação e alongamento Os exercícios localizados que recomendei para a primeira semana constituem em um programa para diminuir a cintura, tonificando os músculos abdominais e estimulando a perda de gordura abdominal. Esses exercícios trabalham músculos mais profundos e são mais eficientes que os do programa suave (se você não os fez, seria bom experimentá-los também).Na segunda semana, apresento algumas posturas de ioga indicadas para diabéticos – que também ajudam a diminuir a proporção cintura-quadril.

As terapias do programa moderado

O programa moderado de terapia complementar usa diversas técnicas de reflexologia para estimular os reflexos das mãos, pés e orelhas, além da massagem que estimula a circulação periférica. Durante a segunda semana, apresento várias abordagens holísticas diferentes, como os exercícios de respiração aiurvédicos e a terapia marma. Incluo também a terapia magnética, com a qual você já deve estar familiarizado, se passou pelo programa suave. Do 7º ao 14º dias, recomendo consultar um reflexologista e um profissional de aiurveda, para um aconselhamento individual. Marque agora uma consulta com esses dois terapeutas.

1

planejamento diário primeiro dia

Cardápio diário

- **Café-da-manhã: cogumelos temperados (*veja p. 132*). Uma fatia de pão integral com um pouco de azeite extravirgem**
- **Lanche matinal: uma porção de fruta**
- **Almoço: sopa mediterrânea de favas (*veja p. 134*). Uma tigela de salada de folhas mistas com molho de azeite e limão-siciliano e sementes mistas (*veja p. 135*). Iogurte bio light com fruta fresca**
- **Lanche da tarde: um punhado de nozes ou uma barra de chocolate amargo de 40-50 g**
- **Jantar: legumes ao forno à mediterrânea com chips de parmesão (*veja p. 140*). Cuscuz salpicado com ervas frescas. Creme de kiwi (*veja p. 141*)**
- **Bebidas: 570 ml de leite desnatado ou semidesnatado. Suco de frutas ou de legumes preparado na hora. Chá verde, preto, branco ou de ervas, e água mineral à vontade**
- **Suplementos: veja p. 113**

Rotina diária de exercícios

O exercício de hoje – a contração abdominal – é popular entre os fisicultores e praticantes de dança do ventre. Embora simples, é excelente para exercitar os músculos abdominais mais profundos. Se o executar todos os dias, reduzirá sua cintura. No início, faça-o apenas uma vez e aos poucos aumente a quantidade diária. Como exercício aeróbico diário, caminhe em ritmo acelerado por 30 minutos.

Contração abdominal em pé

1. Contraia o estômago. Encolha o máximo possível o umbigo.
2. Mantenha esta posição por 30 segundos e relaxe.

Reflexologia

A reflexologia é uma massagem que, além de estimular a circulação das mãos, beneficia todo o corpo. Escolha um creme aromaterápico para as mãos que contenha óleos essenciais com propriedades relaxantes, como lavanda ou gerânio. O óleo essencial de gerânio também é indicado para problemas circulatórios e pele seca.

Massagem nas mãos (1)

1. Comece massageando suavemente os espaços entre os tendões no dorso da mão esquerda, trabalhando do pulso para os dedos. Faça uma leve pressão com a ponta dos dedos.
2. Massageie delicadamente o tecido entre os dedos e o polegar para estimular o fluxo linfático e a imunidade geral. Comprima suavemente com o polegar e a ponta dos dedos.
3. Massageie a parte carnuda na base do polegar esquerdo para estimular os reflexos dos rins.
4. Pressione delicadamente a base do polegar esquerdo e deslize os dedos massageando em direção à ponta. Quando alcançar a base da unha, pressione-a levemente e deslize os dedos para fora. Faça isso com cada dedo. Repita a massagem na mão direita.

segundo dia

Cardápio diário

- **Café-da-manhã: queijo de cabra light com uma ou duas fatias de pão integral com azeite extravirgem. Tomate caqui fatiado. Algumas azeitonas pretas**
- **Lanche matinal: uma porção de fruta**
- **Almoço: homus com baixo teor de gordura com palitos de cenoura crua, aipo, pimentão e cebolinha. Um pão sírio integral pequeno. Um iogurte bio light com fruta fresca**
- **Lanche da tarde: um punhado de nozes ou uma barra de chocolate amargo de 40-50 g**
- **Jantar: cavala grelhada com limão e ervas (*veja p. 137*). Um punhado de uvas pretas**
- **Bebidas: 570 ml de leite desnatado ou semidesnatado. Suco de frutas ou de legumes preparado na hora. Chá verde, preto, branco ou de ervas e água mineral à vontade**
- **Suplementos: veja p. 113**

Rotina diária de exercícios

Faça a contração abdominal em pé (*veja 1º dia*) e depois o exercício abaixo. Além de tonificar os músculos abdominais mais profundos, este exercício é ótimo para a região lombar, e basicamente trata-se de uma contração abdominal realizada de quatro. Faça todos os dias, aumentando as repetições aos poucos, uma por dia, até um total de dez ou mais. Como exercício aeróbico, caminhe em ritmo acelerado por 30 minutos.

Contração do abdome de joelhos

1. Fique de quatro, mantendo as costas eretas, as mãos na direção dos ombros e os joelhos abaixo do quadril.
2. Inspire profundamente, fazendo a barriga dilatar. Ao expirar, arqueie as costas, encolha a pelve e contraia os músculos abdominais.
3. Mantenha essa posição por ao menos 10 segundos, enquanto inspira e expira suavemente. Relaxe e repita o exercício 5 vezes.

Reflexologia

A massagem de reflexologia é semelhante à do dia anterior, mas hoje incluí uma massagem na palma da mão.

Massagem nas mãos (2)

1. Repita os passos 1 e 2 da massagem nas mãos de ontem para estimular a circulação.
2. Flexione levemente a mão esquerda e envolva-a com a direita, colocando o polegar direito no centro da palma e os outros dedos sobre o dorso da mão. Massageie suavemente o centro da palma e do dorso com o polegar e os dedos, com um movimento circular lento por 2 minutos. Esses movimentos massageiam os reflexos do fígado e do pâncreas, que se localizam no centro das palmas.
3. Termine com os passos 3 e 4 da massagem nas mãos do dia anterior. Repita na mão direita.

1 2 3

programa moderado terceiro dia

Cardápio diário

- **Café-da-manhã: uma travessa de frutas frescas (uma laranja, uma fatia de melão e metade de um grapefruit – *veja quadro na p. 86*). Queijos variados com baixo teor de gordura. Uma fatia de pão integral com um fio de azeite enriquecido**
- **Lanche matinal: uma porção de fruta**
- **Almoço: salada de peru com azeitonas (*veja p. 134*). Um pão sírio integral pequeno. Um iogurte bio light, com fruta fresca**
- **Lanche da tarde: um punhado de nozes ou uma barra de chocolate amargo de 40-50 g**
- **Jantar: pimentão recheado com quinua (*veja p. 140*). Vagem e espinafre ao vapor. Peras cozidas no vinho tinto médio com canela**
- **Bebidas: 570 ml de leite semidesnatado ou desnatado. Suco de frutas ou de legumes preparado na hora. Chá verde, preto, branco ou de ervas e água mineral à vontade**
- **Suplementos: veja p. 113**

Se já escolheu o chocolate para seu lanche da tarde anterior, coma nozes hoje. Um punhado por dia pode reduzir os níveis do colesterol LDL e o risco de doenças coronarianas de forma significativa.

Rotina diária de exercícios

Repita os exercícios para tonificar o abdome dos dois dias anteriores e o exercício abaixo. Faça uma caminhada em ritmo acelerado de 30 minutos.

Ponte

1 Deite de bruços. Eleve o corpo de modo a sustentar o peso com os dedos dos pés e antebraços, mantendo o corpo em linha reta. Deixe as palmas para cima, com as mãos fechadas mas relaxadas.

2 Sem deixar que suas costas se arqueiem, empurre os músculos abdominais firmemente em direção da coluna.

3 Permaneça nessa posição por 10 segundos pelo menos. Respire suavemente. Relaxe e depois repita 5 vezes.

Reflexologia

A massagem da reflexologia se assemelha à do dia anterior, mas hoje você continuará massageando ao longo do antebraço.

Massagem das mãos (3)

1 Massageie a palma esquerda com um creme para mãos aromaterápico – siga o passo 2 da massagem de ontem.

2 Sustente o dorso da mão esquerda com os dedos da mão direita e massageie a palma com o polegar direito, fazendo movimentos circulares. Depois de um minuto, massageie o punho.

3 Circunde o punho com os dedos, aperte e relaxe. Faça isso ao longo do braço até chegar ao ombro. Repita a massagem na mão e no braço direitos.

Alimentação criteriosa

Experimente concentrar-se totalmente nos alimentos que ingerir hoje. Não coma diante da televisão ou do computador, e coma devagar, mastigando e saboreando cada bocado. Além de apreciar o sabor do alimento, provavelmente comerá menos (importante se pretende perder peso) e seu nível de glicemia não aumentará tanto.

quarto dia

Cardápio diário

- **Café-da-manhã: piperade de pimentão (*veja p. 132*). Uma fatia de pão de grãos**
- **Lanche matinal: uma porção de fruta**
- **Uma tigela de salada grega (alface, azeitonas pretas, pepino, queijo feta, tomates, cebola-roxa e manjericão) com molho de azeite e limão-siciliano (*veja p. 135*). Pãozinho integral. Iogurte bio light com fruta fresca**
- **Lanche da tarde: um punhado de nozes ou uma barra de chocolate amargo de 40-50 g**
- **Jantar: 100 g de pargo ou robalo grelhado com ervas frescas e fatias de limão-siciliano. Purê de batata-doce. Uma tigela de salada mista, salpicada com sementes variadas e molho de nozes e alho (*veja p. 103*). Nectarinas cozidas com laranja (*veja p. 141*)**
- **Bebidas: 570 ml de leite desnatado ou semidesnatado. Suco de fruta ou de legumes preparado na hora. Chá verde, preto, branco ou de ervas e água mineral à vontade**
- **Suplementos: veja p. 113**

Rotina diária de exercícios

Faça os exercícios dos três primeiros dias e os abdominais abaixo. Faça os abdominais todos os dias, acrescentando uma repetição por dia, até chegar a dez ou mais. Faça também uma caminhada em ritmo acelerado de 30 minutos.

Flexão abdominal

1. Deite no chão com os joelhos flexionados e as solas dos pés fixas no chão.
2. Feche os braços sobre o peito e pressione a região lombar no chão.
3. Contraia o abdome e use essa musculatura para erguer levemente a cabeça e a parte superior do tórax. Mantenha a região lombar firmemente pressionada contra o solo.
4. Fique nessa posição com os ombros fora do chão, depois deite o mais lentamente possível. Repita 5 vezes.

Reflexologia

A má circulação associada ao diabetes determina a necessidade de ter mais cuidado com os pés. Antes da massagem de hoje, examine os dois pés e observe se aparecem quaisquer sinais de infecção ou dano, tais como ferimentos, cortes, vermelhidão ou inchaço (veja cuidados na p. 82). Se tudo estiver bem, faça esta massagem utilizando uma loção para os pés com óleo de melaleuca.

Massagem nos pés

1. Sente-se no chão ou sobre uma cama firme, com as pernas cruzadas.
2. Massageie os dedos, o arco, a planta e o calcanhar do pé esquerdo pressionando-os com os dedos e polegares.
3. Após 2-3 minutos, concentre o polegar direito no reflexo pituitário, que fica embaixo do dedão, um pouco ao lado da linha central (veja p. 38).
4. Agora massageie a área do pâncreas no arco da sola do pé. Coloque a palma da mão esquerda contra a parte superior do pé esquerdo. Feche a mão direita e coloque-a no arco da sola do pé esquerdo. Pressione levemente a mão fechada contra o arco e depois solte, e aperte a parte superior do pé com a mão esquerda.
5. Para terminar, aperte a base do dedão e depois deslize nos dedos para cima até o fim. Repita com cada dedo e depois trabalhe no pé direito.

1 2 3 4 5

programa moderado quinto dia

Cardápio diário

- **Café-da-manhã: uma fatia de melão enrolada em presunto cru. Um punhado de azeitonas pretas. Um tomate fatiado e um ovo com ômega-3 cozido. Pão integral com azeite extravirgem**
- **Lanche matinal: uma porção de fruta**
- **Almoço: uma tigela de rúcula com ½ pimentão vermelho fatiado e um punhado de feijão-branco com azeite e vinagre de vinho tinto. Uma fatia de pão de centeio. Iogurte bio light com fruta fresca**
- **Lanche da tarde: um punhado de nozes ou uma barra de chocolate amargo de 40-50 g**
- **Jantar: frango grelhado com molho de manga (*veja p. 136*). Uma porção pequena de macarrão integral. Brócolis. Um punhado de uvas pretas**
- **Bebidas: 570 ml de leite desnatado ou semidesnatado. Suco de fruta ou de legumes preparado na hora. Chá verde, preto, branco ou de ervas, e água mineral à vontade**
- **Suplementos: veja p. 113**

Há uma porção de iogurte bio light no cardápio quase todos os dias, pois é uma fonte importante de probióticos e cálcio. Além de promover a saúde digestiva, o iogurte reduz o apetite e diminui a absorção de carboidratos, o que ajuda a melhorar a resistência à insulina.

Rotina diária de exercícios

Faça os exercícios abdominais do 1º ao 4º dias, seguidos do exercício abaixo, que tonifica os músculos abdominais oblíquos. Execute esses exercícios todos os dias, aumentando aos poucos o número de repetições, uma por dia até chegar a dez ou mais. Caminhe em ritmo acelerado por 30 minutos.

Flexão abdominal oblíqua

1 Deite-se no chão com os joelhos flexionados e os pés fixos no chão.
2 Dobre os braços sobre o peito e pressione a região lombar contra o solo.
3 Mantendo os joelhos e pés juntos, e os ombros apoiados no chão, deixe os joelhos penderem para a direita, até o joelho direito tocar o chão.
4 Coloque as mãos atrás das orelhas e eleve os ombros ligeiramente, de maneira que o tórax se movimente em direção à pelve, realizando um abdominal oblíquo.
5 Abaixe a parte superior do corpo lentamente em direção ao chão e repita o exercício 3 vezes. Faça o exercício completo com os joelhos flexionados para o lado esquerdo.

Reflexologia para os pés

Repita a massagem de ontem nos pés, adicionando os procedimentos abaixo.

Massagem no tornozelo e na panturrilha

1 Massageie ao redor dos ossos do lado de dentro e de fora do tornozelo direito, com movimentos circulares contínuos das pontas dos dedos.
2 Inicie na base do calcanhar e continue até a metade da panturrilha. Massageie-a delicadamente. Repita no pé e panturrilha esquerdos.

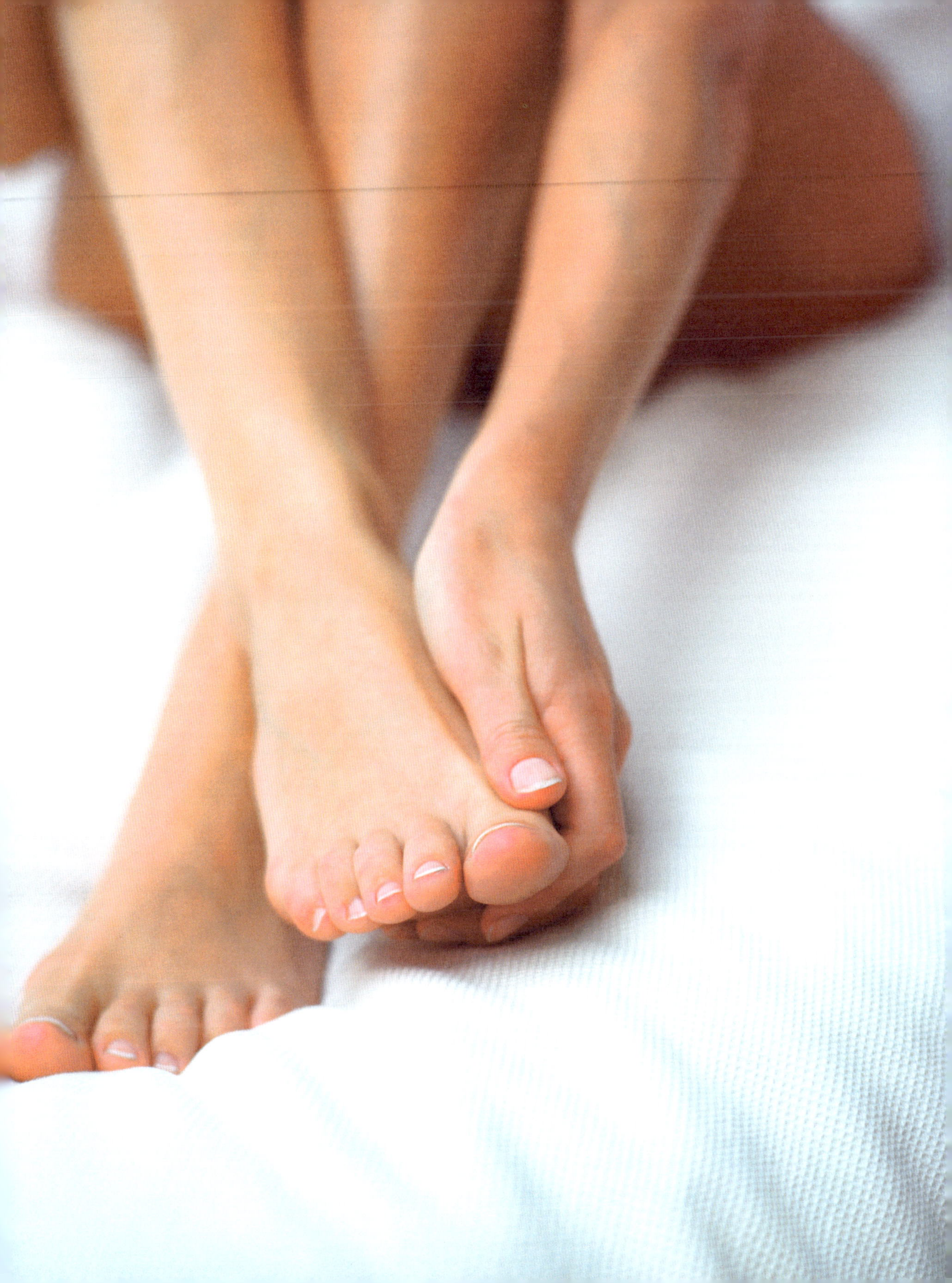

programa moderado sexto dia

Cardápio diário

- **Café-da-manhã: dois figos frescos. Duas fatias de queijo de coalho. Uma fatia de presunto cru. Uma ou duas fatias de pão integral com azeite extravirgem**
- **Lanche matinal: uma fruta**
- **Almoço: sopa grega de lentilhas (*veja p. 134*). Folhas de rúcula com azeite e vinagre de vinho tinto. Um pãozinho integral pequeno. Iogurte bio light com fruta fresca**
- **Lanche da tarde: um punhado de nozes ou uma barra de chocolate amargo de 40-50 g**
- **Jantar: filé de atum marinado por 30 minutos em azeite, alecrim e suco de limão-siciliano, e depois grelhado. Quiabo ao molho de tomate (*veja p. 138*). Um punhado de macadâmias e três damascos**
- **Bebidas: 570 ml de leite desnatado ou semidesnatado. Suco de frutas ou de legumes preparado na hora. Chá verde, preto, branco ou de ervas e água mineral à vontade**
- **Suplementos: veja p. 113**

Rotina diária de exercícios

Faça os exercícios do 1º ao 5º dias do programa e o exercício abaixo, que trabalha a parte inferior do abdome. Execute-os todos os dias, aumentando aos poucos o número de repetições, uma por dia, até chegar a dez ou mais. Quanto ao exercício aeróbico, aumente o tempo da caminhada diária em ritmo acelerado para 35 minutos.

Elevação de quadris

1. Deite-se de costas com as mãos sob as nádegas e as pernas erguidas, em ângulo reto com o corpo.
2. Contraia os músculos abdominais e flexione os glúteos, fazendo os quadris se elevarem 5-8 cm do chão.
3. Abaixe as nádegas de volta ao solo e repita esse movimento 5 vezes.

Os benefícios do quiabo

O quiabo é um antioxidante poderoso, devido ao conteúdo de vitamina C, glutationa peroxidase e carotenoides. Também é rico em fibras solúveis e em uma mucilagem densa e viscosa que ajuda a engrossar sopas e cozidos. Estudos preliminares sugerem que, dependendo da dosagem, o extrato de quiabo pode diminuir os níveis de glicemia, ou seja, quanto mais consumir, maiores benefícios obterá.

Reflexologia

Algumas vezes, os reflexologistas também trabalham as orelhas, além dos pés e mãos. Você pode trabalhar nas duas orelhas ao mesmo tempo, ou uma de cada vez, como preferir.

Massagem na orelha

1. Esfregue as mãos para gerar calor, e coloque-as sobre as orelhas por 15 segundos.
2. Abra os dedos indicador e médio em tesoura e coloque um dedo na frente e outro atrás da orelha. Alise a orelha para cima e para baixo, dez vezes.
3. Belisque delicadamente os lóbulos da orelha com o polegar e o dedo indicador, e trabalhe do lóbulo até a ponta.
4. Depois acaricie o contorno interno da orelha. Termine repetindo o primeiro passo.

sétimo dia

Cardápio diário

- **Café-da-manhã: forminhas mediterrâneas de azeitona (*veja p. 133*). Uma fatia de pão integral regada com azeite extravirgem**
- **Lanche matinal: uma fruta**
- **Almoço: uma porção grande de aspargos com molho de azeite e limão-siciliano (*veja p. 135*), sobre rúcula com nozes e raspas de parmesão. Iogurte bio light com fruta fresca**
- **Lanche da tarde: um punhado de nozes ou uma barra de chocolate amargo de 40-50 g**
- **Jantar: legumes ao forno à mediterrânea com chips de parmesão (*veja p. 140*). Arroz integral com ervas frescas. Uma tigela com salada de folhas mistas e azeite. Um punhado de uvas pretas**
- **Bebidas: 570 ml de leite desnatado ou semidesnatado. Suco de frutas ou de legumes preparado na hora. Chá verde, preto, branco ou de ervas e água mineral à vontade**
- **Suplementos: veja p. 113**

Você já está seguindo o programa moderado há uma semana. Gostaria que você verificasse seu nível de glicose no sangue. Se estiver entre 4-7 mmol/l (72-126 mg/dl), está bem controlado. Se, em geral, estiver por volta de 4 mmol/l (72 mg/dl), ou se você tiver sinais de hipoglicemia, pergunte ao médico se a medicação deve ser mudada.

Rotina diária de exercícios

Depois de fazer os abdominais do 1º ao 6º dias, acrescente o exercício a seguir, que tonifica os músculos abdominais e é ótimo para a região lombar. Faça-o diariamente, aumentando aos poucos o número de repetições, uma por dia, até chegar a dez ou mais. Caminhe em ritmo acelerado por 35 minutos.

Bicicleta moderada

1. Deite-se no chão e pressione o máximo possível a região lombar contra o chão.
2. Coloque as mãos dos lados da cabeça (próximo das orelhas). Erga as pernas, formando um ângulo de 45 graus em relação ao chão.
3. Movimente as pernas pedalando lentamente.
4. À medida que pedala, toque o ombro esquerdo no joelho direito, depois o ombro direito no joelho direito. Respire lentamente. Repita 5 vezes.

Consulte um reflexologista

Ao longo da última semana você aprendeu algumas técnicas básicas de reflexologia que beneficiam os diabéticos. Agora, o reflexologista pode lhe mostrar outras técnicas a serem utilizadas em casa. Para encontrar um reflexologista, verifique as indicações na p. 175. A maioria dos reflexologistas trabalha nos reflexos dos pés, mas alguns podem usar as mãos ou as orelhas. Depois de tirar os sapatos e o reflexologista ajudá-lo a relaxar, você fica sentado com os pés elevados. Ele usa um pouco de talco para lubrificar as mãos, enquanto massageia os reflexos em todo o pé. Ele focalizará as áreas sensíveis e rígidas, que diagnosticam problemas em pontos distantes no corpo, antes de utilizar a massagem para desbloquear a rota dos nervos e promover o fluxo de energia. Nos diabéticos, a massagem focaliza as áreas endócrinas relacionadas à glândula pituitária e ao pâncreas, e pode ajudar a fortalecer os olhos, o coração e os rins.

programa moderado oitavo dia

Cardápio diário

- **Café-da-manhã: um ou dois figos frescos. Um punhado de nozes. Duas fatias de queijo light. Uma fatia de pão integral com azeite enriquecido**
- **Lanche matinal: uma fruta**
- **Almoço: uma tigela com salada de folhas mistas com molho de azeite e limão-siciliano (*veja p. 135*). Uma fatia de presunto cru. Queijo cottage salpicado com sementes variadas e cebolinha. Iogurte bio light com uma fruta fresca**
- **Lanche da tarde: um punhado de nozes ou uma barra de chocolate amargo com 40-50 g**
- **Jantar: bife de cordeiro grelhado, temperado com 1 colher (chá) de capim-limão, suco de limão e folhas de coentro. Uma porção pequena de arroz integral. Delícia de damasco com canela (*veja p. 141*)**
- **Bebidas: 570 ml de leite desnatado ou semidesnatado. Suco de frutas ou de legumes feito na hora. Chá verde, preto, branco ou de ervas e água mineral à vontade**
- **Suplementos: veja p. 113**

Nos próximos dias apresentarei várias terapias complementares úteis nos casos de diabetes. Considerando que as pessoas são diferentes e têm necessidades, preferências e aversões variadas, você vai achar algumas sugestões mais interessantes que outras. Após escolher uma terapia que combine com você, consulte o capítulo de indicações deste livro. E marque uma consulta com o terapeuta adequado.

Rotina diária de exercícios

Continue a fazer a série de exercícios abdominais que aprendeu na primeira semana do programa moderado. Além disso, a partir de agora, gostaria de introduzir alguns exercícios de ioga, na posição sentada, para ajudar a harmonizar a proporção cintura-quadril (o primeiro é a "postura fácil", ao lado). Os exercícios podem ser feitos em qualquer hora do dia, mas muitas pessoas os acham úteis para diminuir o ritmo ao anoitecer. Proporcionam relaxamento físico e mental, além de alongar os músculos. Para o exercício aeróbico, faça uma caminhada em ritmo acelerado de 30 minutos ou exercite-se 20 minutos na bicicleta.

Postura fácil (sukhasana)

1. Sente-se no chão com os joelhos flexionados e os tornozelos cruzados, de forma que o pé direito fique exatamente sob o joelho esquerdo e vice-versa.
2. Coloque as mãos sobre o joelho – com as palmas voltadas para cima ou para baixo, como quiser; algumas pessoas costumam juntar o polegar e o dedo médio.
3. Relaxe mantendo as costas eretas e elevadas. Movimente o queixo para cima e para baixo, até encontrar a posição na qual sua cabeça pareça perfeitamente equilibrada e leve.
4. Respire lenta e profundamente. Alterne o cruzamento dos tornozelos: direito sobre esquerdo por 5 minutos, depois, esquerdo sobre direito por mais 5 minutos.

Terapia magnética

Hoje gostaria que começasse a usar uma joia magnética. Os braceletes podem ser comprados em farmácias e lojas de alimentos naturais ou pela internet. Para saber mais sobre como a terapia magnética pode ajudar nos casos de diabetes e suas complicações, consulte a p. 37.

nono dia

Cardápio diário

- **Café-da-manhã: um punhado de azeitonas pretas. Um tomate. Uma fatia de presunto magro e queijo light. Pão integral com azeite extravirgem.**
- **Lanche matinal: uma porção de fruta**
- **Almoço: macarrão integral ao pesto com vagem e sementes de gergelim. Salada de folhas mistas com mussarela de búfala, cebola-roxa e tomates, temperada com molho de nozes e alho (*veja p. 103*). Nectarinas cozidas com laranja (*veja p. 141*)**
- **Lanche da tarde: um punhado de nozes ou uma barra de chocolate amargo de 40-50 g**
- **Jantar: bouillabaisse (*veja p. 138*). Pão de alho (feito com pão integral com azeite e alho amassado). Uma tigela de salada de folhas mistas com molho de azeite e limão-siciliano (*veja p. 135*). Uma porção de fruta**
- **Bebidas: 570 ml de leite desnatado ou semidesnatado. Suco de frutas ou de legumes preparado na hora. Chá verde, preto, branco ou de ervas, e água mineral à vontade**
- **Suplementos: veja p. 113**

Rotina diária de exercícios

Execute a série de 7 abdominais e as duas primeiras posturas de ioga da sequência para diminuir a cintura – a segunda está abaixo. Caminhe em ritmo acelerado por 35 minutos ou pedale por 20 minutos.

Postura do herói (virasana)

1. Ajoelhe no chão sobre um tapete, mantendo as pernas juntas e as nádegas apoiadas nos pés.
2. Deslize os pés para os lados, de modo que as nádegas toquem o chão. Se ficar desconfortável, coloque uma almofada reta sob as nádegas. Os pés devem apontar diretamente para trás.
3. Sente-se o mais reto possível, contraindo o estômago. Empurre os ombros para trás, para abrir o peito.
4. Mexa o queixo para cima e para baixo, até sentir a cabeça equilibrada sobre a coluna.
5. No início, fique nessa posição por 1 minuto, aumentando o tempo até 5 minutos.

Aiurveda

A seguir, apresento a modalidade aiurvédica de acupressão, que massageia os pontos marmas para limpar a energia bloqueada (chi). Os pontos marmas são relativamente grandes e fáceis de encontrar, e quando o ponto certo é massageado, poderá sentir uma vibração, um formigamento ou a sensação de calor. Pode-se pressioná-los diretamente ou utilizar movimentos pequenos e circulares para estimular e energizar o ponto; os movimentos anti-horários podem dissipar a energia bloqueada.

A massagem dos pontos marmas

1. Localize um ponto marma situado na parte mediana interna do braço, entre o cotovelo e o pulso.
2. Estimule-o com o polegar, massageando levemente no início e aumentando a pressão aos poucos, dentro dos limites do confortável, por 2 minutos.

1 2 3 4 5 6 7 8 9 **10**

programa moderado décimo dia

Cardápio diário

- **Café-da-manhã: sardinhas ao molho de tomate (*veja p. 132*) em uma ou duas fatias de pão integral.**
- **Lanche matinal: uma porção de fruta**
- **Almoço: uma tigela de abacate picado, tomate, mussarela e azeitonas pretas. Tabule (*veja p. 135*). Iogurte bio light com fruta fresca**
- **Lanche da tarde: um punhado de nozes ou um tablete de chocolate amargo de 40-50 g**
- **Jantar: frango grelhado com limão (*veja p. 136*). Espiga de milho grelhada. Um punhado de uvas pretas**
- **Bebidas: 570 ml de leite semidesnatado ou desnatado. Suco de frutas ou de legumes preparado na hora. Chá verde, preto, branco ou de ervas e água mineral à vontade**
- **Suplementos: veja p.113**

O café-da-manhã de hoje está repleto de ingredientes saudáveis, como o suco de limão-siciliano com salsa, rico em vitamina C, e o tomate com alho, rico em antioxidantes. A combinação de azeite com sardinhas, em especial, ajuda a diminuir o colesterol LDL, que em geral é alto nos diabéticos.

Rotina diária de exercícios

Continue a praticar a série de exercícios abdominais do 1º ao 7º dias. Faça também os exercícios de ioga do 8º e 9º dias, depois passe para a postura abaixo, que alivia o estresse e a fadiga. Quanto ao exercício aeróbico, caminhe em ritmo acelerado por 35 minutos ou faça 20 minutos de bicicleta, durante o dia.

Postura da criança (balasana)

1. Ajoelhe deixando os dedos dos pés virados para trás.
2. Afaste os joelhos até a largura dos quadris. Respire profundamente e, enquanto expira, curve-se adiante, colocando a testa no chão. Se conseguir, mantenha as nádegas sobre os pés.
3. Relaxe os braços nas laterais, de forma que as mãos fiquem ao lado dos pés, com as palmas voltadas para cima. Mantenha a postura por 30 segundos, aumentando o tempo gradualmente, até 3 minutos, ao longo das próximas semanas.

Respiração iogue

A técnica de hoje ensina a respirar alternadamente pelas narinas, acalmando o sistema nervoso e harmonizando os aspectos opostos de sua natureza. Tente respirar assim por 5 minutos de manhã e ao anoitecer.

Respiração alternada

1. Sente-se confortavelmente em uma cadeira ou no chão com as pernas cruzadas. Feche os olhos e respire profundamente.
2. Coloque o polegar direito sobre a narina direita e pressione levemente bloqueando as vias aéreas. Expire lentamente pela narina esquerda e inspire novamente.
3. Faça o mesmo do outro lado, utilizando o dedo indicador para fechar a narina esquerda. Repita o processo.
4. Após 5 minutos, tire a mão e respire normalmente pelas duas narinas. Relaxe calmamente, com os olhos fechados, por alguns minutos.

programa moderado décimo primeiro dia

Cardápio diário

- **Café-da-manhã: omelete com ervas mistas e alho, feita com dois ovos enriquecidos com ômega-3. Uma ou duas fatias de pão integral com azeite extravirgem**
- **Lanche matinal: uma porção de fruta**
- **Almoço: sopa mediterrânea de favas (*veja p. 134*). Uma tigela de salada de folhas mistas com sementes mistas, molho de azeite e limão-siciliano (*veja p. 135*). Iogurte bio light com fruta fresca**
- **Lanche da tarde: um punhado de nozes ou uma barra de chocolate amargo de 40-50 g**
- **Jantar: peixe assado à grega (*veja p. 137*). Arroz integral. Delícia de damasco com canela (*veja p. 141*).**
- **Bebidas: 570 ml de leite semidesnatado ou desnatado. Suco de frutas ou de legumes preparado na hora. Chá verde, preto, branco ou de ervas e água mineral à vontade**
- **Suplementos: veja p. 113**

Rotina diária de exercícios

Faça a série de exercícios abdominais da primeira semana do programa. Acrescente a postura de ioga de hoje àquelas ensinadas nos 3 dias anteriores. Faça 40 minutos de caminhada em ritmo acelerado ou 20 minutos de bicicleta.

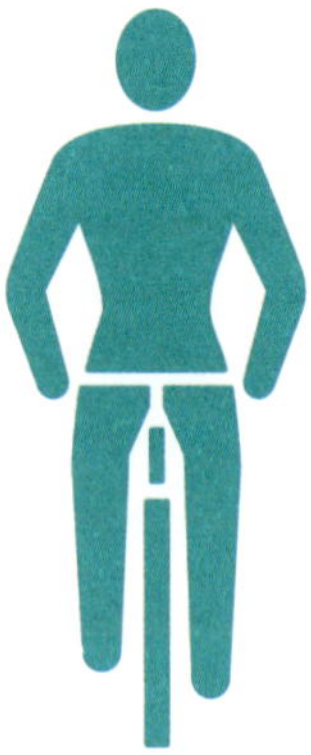

Postura da cabeça no joelho (jana sirsasana)

1 Sente-se no chão sobre uma almofada, com as pernas estendidas à frente. Flexione o joelho direito e apoie a sola do pé direito na parte interna da coxa esquerda. Coloque o calcanhar o mais próximo possível do períneo. Se der, encoste o joelho direito no chão ou apoie-o em uma outra almofada reta.

2 Mantenha a perna esquerda estendida e os dedos dos pés apontando para o teto. Respire profundamente enquanto eleva os dois braços e endireita a coluna.

3 Contraia o abdome, expire e curve-se para a frente, colocando as mãos sobre as pernas, até o ponto em que ainda estiver confortável. Com a prática, você conseguirá segurar o pé esquerdo.

4 Mantenha a postura por 1 minuto. Respire lenta e profundamente.

5 Inspire, volte à posição sentada e repita o exercício, desta vez flexionando o joelho esquerdo.

Aiurveda

No aiurveda, o suco de *Aloe vera* é usado como tônico para reduzir os níveis de glicemia no sangue. Compre o suco com pelo menos 40 por cento, ou, de preferência, 95-100 por cento de Aloe vera. Os produtos com o selo de certificação do International Aloe Science Council (IASC) alcançaram padrões de qualidade reconhecidos. Beba 50-100 ml 3 vezes ao dia. Comece com uma dose pequena e aumente aos poucos.

décimo segundo dia

Cardápio diário

- **Café-da-manhã: duas fatias de pão integral. Um punhado de azeitonas pretas e rodelas de cebola-roxa com folhas de manjericão picadas e azeite extravirgem. Um tomate fatiado. Uma fatia de mussarela**
- **Lanche matinal: uma porção de fruta**
- **Almoço: ½ abacate com um punhado de camarões grandes com coentro, servidos com folhas mistas regadas com azeite. Uma porção pequena de arroz integral. Iogurte bio light com fruta fresca**
- **Lanche da tarde: um punhado de nozes ou uma barra de chocolate amargo de 40-50 g**
- **Jantar: pimentão recheado com quinua (*veja p. 140*). Vagens e espinafre cozidos no vapor. Tâmaras recheadas com nozes (*veja p. 141*)**
- **Bebidas: 570 ml de leite semidesnatado ou desnatado. Suco de frutas ou de legumes preparado na hora. Chá verde, preto, branco ou de ervas e água mineral à vontade**
- **Suplementos: veja p. 113**

O abacate do almoço de hoje é uma grande fonte de gordura monoinsaturada, o tipo de gordura que deve ser priorizado em sua dieta. Esta fruta também é um ótimo lanche: amasse com suco de limão e espalhe em uma torrada integral.

Rotina diária de exercícios

Faça os exercícios abdominais do 1º ao 7º dias e a sequência de posturas de ioga do 8º ao 11º dias. Depois acrescente a postura de hoje (*veja abaixo*). Caminhe em ritmo acelerado por 40 minutos, ou faça 20 minutos de bicicleta.

Postura do ângulo fechado (baddha konasana)

1. Sente-se no chão com as pernas estendidas à frente. Expire e flexione os joelhos, trazendo os calcanhares o mais próximo possível do períneo.
2. Deixe os joelhos penderem para as laterais, e tente juntar as solas dos pés. Se os músculos das coxas estiverem tensos, será difícil, mas com a prática você ficará mais flexível.
3. Mantenha as costas e os ombros eretos e a cabeça erguida. Segure os tornozelos e relaxe enquanto estiver confortável, respirando lenta e calmamente.

Terapia magnética

Hoje gostaria que você começasse a usar um adesivo magnético no ponto de acupuntura chamado zusanli (também conhecido como estômago-36). Em geral, é utilizado por diabéticos e pessoas com sobrepeso. Deixe o adesivo no lugar por 5 dias. Os adesivos magnéticos podem ser usados durante as atividades diárias normais.

Conte os passos

Compre um pedômetro para saber quantos passos são dados por dia. Para uma boa saúde é necessário alcançar a meta de 10 mil passos por dia, apesar de a maioria das pessoas chegar a 3 mil no máximo. O uso do pedômetro melhora a motivação e aumenta os níveis de atividade diária em 30 minutos. Combine a caminhada com socialização, participando de um grupo. E procure caminhar em vez de usar o carro.

programa moderado décimo terceiro dia

Cardápio diário

- **Café-da-manhã: compota de damasco, laranja e figo (*veja p. 132*). Uma fatia de pão integral com azeite enriquecido**
- **Lanche matinal: uma porção de fruta**
- **Almoço: salada de peru com azeitonas (*veja p. 134*). Pãozinho integral. Iogurte bio light com fruta fresca**
- **Lanche da tarde: um punhado de nozes ou um tablete de chocolate amargo de 40-50 g**
- **Jantar: espetos de arenque com cebola-roxa e pimentão (*veja p. 137*). Fatias de berinjela marinada no azeite, suco de limão-siciliano, alho e ervas frescas, e depois grelhadas. Uma porção pequena de arroz integral ou vermelho. Um punhado de uvas pretas**
- **Bebidas: 570 ml de leite semidesnatado ou desnatado. Suco de frutas ou de legumes preparado na hora. Chá verde, preto, branco ou de ervas e água mineral à vontade**
- **Suplementos: veja p. 113**

Lembre-se de beber bastante líquido todos os dias (2-3 litros; *veja p. 45*). Se ainda não experimentou suas próprias infusões, faça hoje uma infusão de hortelã. Acrescente algumas folhas de urtiga (*veja p. 33*) para ajudar a reduzir a glicose no sangue.

Rotina diária de exercícios

Repita os exercícios abdominais que aprendeu durante a primeira semana do programa e os exercícios sentados de ioga dos 5 dias anteriores. Acrescente agora a postura da pinça (abaixo). Continue com a caminhada em ritmo acelerado por 40 minutos durante o dia ou faça 20 minutos de bicicleta.

Postura da pinça (paschimottanasana)

1. Sente-se com as pernas estendidas à frente. Respire profundamente e estenda os braços em direção ao teto para alongar a coluna.
2. Contraia o abdome e, expirando, flexione-o para a frente, de forma que o peito abaixe na direção das coxas, o queixo na direção da canela e as mãos na direção dos pés.
3. Incline-se sobre as pernas o máximo que puder e segure na parte da perna mais distante que conseguir com conforto, sem dobrar os joelhos.
4. Se puder, permaneça nessa postura por 1 minuto, respirando lenta e calmamente. A cada inspiração, levante e alongue o corpo levemente. A cada expiração tente flexionar um pouco mais, de modo que possa alcançar um ponto mais distante na perna – ou, se for muito flexível, um ponto no chão adiante dos pés.

Aiurveda

Hoje, você tocará em um ponto marma que estimulará a circulação.

Massagem do ponto marma

1. Encontre um ponto marma na parte inferior do esterno, onde o abdome se une ao tórax. Lubrifique o polegar ou o indicador com óleo de massagem.
2. Massageie essa região com movimentos circulares, leves e rápidos, com o polegar ou o com o indicador.
3. Agora, utilize movimentos circulares no sentido anti-horário, para dissipar a energia bloqueada dentro desse ponto marma. Experimente massageá-lo por 1 minuto todos os dias.

décimo quarto dia

Cardápio diário

- **Café-da-manhã: cogumelos temperados (*veja p. 132*). Uma ou duas fatias de torrada integral**
- **Lanche matinal: uma porção de fruta**
- **Almoço: sopa grega de lentilhas (*veja p. 134*). Folhas de rúcula com azeite e vinagre de vinho tinto. Um pãozinho integral. Iogurte bio light com um punhado de nozes ou castanhas picadas**
- **Lanche da tarde: um punhado de nozes ou uma barra de chocolate amargo com 40-50 g**
- **Jantar: um bife fino grelhado com molho de alho à grega (*veja p. 136*). Tomates grelhados. Abobrinhas. Uma tigela de salada de folhas mistas com molho de azeite e limão--siciliano (*veja p. 135*). Abacaxi com uvas-passas (*veja p. 141*)**
- **Bebidas: 570 ml de leite semidesnatado ou desnatado. Suco de frutas ou de legumes preparado na hora. Chá verde, preto, branco ou de ervas e água mineral à vontade**
- **Suplementos: veja p. 113**

Se você gosta de alho, vai apreciar o jantar de hoje. A skordalia é um tradicional molho grego, feito com 4 dentes de alho e azeite extravirgem – dois ótimos ingredientes para a saúde cardiovascular.

Rotina diária de exercícios

Continue a série de 7 exercícios abdominais da primeira semana do programa. Faça também a série de exercícios de ioga do 8º ao 13º dias – a última postura será apresentada a seguir. Faça sua caminhada habitual em ritmo acelerado por 40 minutos ou ande de bicicleta por 20 minutos.

Postura do cadáver (savasana)

1 Deite-se de costas com as pernas levemente separadas, os braços ao longo do corpo e as palmas voltadas para cima. Feche os olhos e respire profunda e lentamente pelo nariz.
2 Concentre-se no relaxamento de todo o corpo, começando pelo alto da cabeça e descendo para os músculos faciais, ombros, braços, tórax, abdome, quadris, pernas e pés.
3 Direcione conscientemente sua respiração para a parte do corpo que estiver relaxando. Procure ver se não desenvolveu alguma tensão antes de prosseguir.
4 Agora, calmamente, observe a respiração. Apenas deixe o ar fluir para dentro e para fora do corpo, sem pensar nela ou em modificar o seu ritmo.
5 Permaneça nessa postura por 5 minutos no máximo.

Consulte um médico aiurvédico

Depois de apresentá-lo a diversas práticas do aiurveda, sugiro uma consulta a um médico aiurvédico. Ele perguntará sobre seu histórico pessoal e familiar, sua rotina e funcionamento do organismo. Verificará seus batimentos em três pontos dos dois pulsos, examinará a língua, sentirá o abdome e poderá solicitar um exame de urina. Depois de identificar seu dosha predominante (vata, pitta ou kapha; *veja p. 34*), o médico recomendará mudanças na dieta e ervas medicinais, e pode sugerir um regime desintoxicante.
Alguns médicos utilizam a massagem aiurvédica e estimulam pontos marmas. A consulta dura cerca de 1 hora.

a sequência do programa moderado

Parabéns – você acompanhou o programa moderado com sucesso por 2 semanas. Agora, recomendo que repita o plano alimentar, de forma a acumular a experiência de um mês na dieta mediterrânea. Quando estiver habituado com a dieta e com as mudanças na rotina que o programa moderado envolve, por favor, prossiga e faça ajustes levando em conta suas preferências e estilo de vida. Você pode variar os alimentos e incluir novas receitas. Apresento algumas sugestões no site em inglês www.naturalhealthguru.co.uk.

Sua dieta a longo prazo

O programa moderado de alimentação inclui diversos superalimentos (*veja pp. 58-61*) que favorecem o controle da glicose e a saúde da circulação dos diabéticos. Inclua a maior quantidade possível dos seguintes alimentos em sua dieta diária: amêndoas, maçã, mirtilos, chocolate amargo (com 70 por cento de cacau pelo menos), canela, alho, gengibre, grapefruit, uvas, azeite, laranja, ameixa, romã, chá, tomate e nozes. Continue a consumir 4 porções de vegetais e duas de frutas por dia, pelo menos, guiando-se pela diversidade de cores no prato – amarelo, laranja, vermelho, verde e rosa – para aumentar ao máximo a variedade de pigmentos carotenoides.

Restrinja a ingestão de carne vermelha a 100 g, 1-2 vezes por semana. Nos pratos com ovos, como por exemplo, a omelete espanhola, sempre que possível escolha as variedades enriquecidas com ômega-3, devido a seus efeitos benéficos sobre o colesterol no sangue.

Verifique nas embalagens a quantidade de sal (cloreto de sódio) e procure não consumir mais que 3-6 g por dia. Dependendo do peso, você pode tomar um copo de vinho tinto por dia, mas fique sempre de olho no nível de glicose.

Consuma bastante peixe Coma peixe 3-4 vezes por semana – compre-o sempre fresco e, se possível, pescado no local. Peça ao peixeiro que o descame, retire a pele e a espinha e corte em filés, dependendo da receita em que vai utilizá-lo. As perdas variam em cerca de um terço para os peixes, e dois terços para a lagosta. Como regra geral, o peixe de couro e redondo tem tanta pele e espinhas quanto carne comestível, portanto compre o dobro da quantidade que quiser comer. O melhor preparo para o peixe fresco é grelhado ou assado com molho de azeite, limão, ervas frescas e pimenta-do-reino, acompanhado de legumes frescos, como brócolis ou ervilhas-tortas, no vapor.

Dias vegetarianos

Experimente comer apenas vegetais 1-2 vezes por semana, pelo menos – prefira as frutas, legumes e verduras, em vez de alimentos vegetarianos prontos, que podem conter muita gordura e sal. Não é preciso se alimentar de saladas apenas – os deliciosos guisados caseiros, como o ratatouille ou o feijão verde cozido com abóbora, são perfeitos, dependendo dos legumes e verduras da estação. Compre um livro com receitas de pratos vegetarianos criativos e saborosos.

Consuma carboidratos de baixo teor glicêmico
Escolha carboidratos que tenham um valor glicêmico baixo (*veja pp. 47-49*), como macarrão integral, arroz integral ou vermelho, arroz selvagem, quinua ou trigo bulgor. Limite o número de porções desses alimentos ricos em carboidratos para 2-8 por dia, dependendo do seu nível de diabetes, peso e grau de atividade. Uma porção equivale a uma fatia de pão integral e 100 g de arroz ou macarrão integral cozido. Se a sua glicemia não estiver tão controlada quanto gostaria, ou se precisa perder peso, corte a quantidade de carboidratos, especialmente nos dias de menor atividade física, quando o nível de glicose no sangue provavelmente estará mais alto. Por exemplo, coma 3 porções em vez de 4 – mas fique de olho na taxa de glicemia, porque a ingestão menor de carboidratos pode provocar a hipoglicemia (*veja p. 25*).

Seu regime de suplementos a longo prazo
Continue tomando os suplementos que escolheu no início do programa. Se o controle da glicose no sangue ainda não estiver tão bom quanto gostaria, experimente outros suplementos dentre os recomendados, ou das listas opcionais. Pesquisas apontam que o uso de suplementos produz efeitos leves mais significativos no controle da glicemia e na prevenção de complicações do diabetes a longo prazo.

Sua rotina diária de exercícios
O exercício é especialmente importante para os portadores de diabetes tipo 2, por melhorar a resistência à insulina, o controle da glicose e ajudar a perder peso. Qualquer atividade que faça a pessoa sentir calor e ficar ligeiramente ofegante é benéfica, inclusive a natação, a dança, o trabalho doméstico vigoroso e a jardinagem. Se você não frequenta uma academia, comece a pensar a respeito ou programe algumas sessões com um personal trainer, de modo que o programa de tonificação e exercícios possa ser adaptado às suas necessidades individuais. Depois de fazer os exercícios abdominais e as posturas de ioga por 2 semanas, sua cintura deve ter começado a diminuir, especialmente se tiver o formato de maçã. Continue os exercícios abdominais e de ioga e procure alcançar a meta de 40 minutos pelo menos de caminhada em ritmo acelerado e/ou 20 minutos de bicicleta por dia, aumentando lentamente a quantidade e a intensidade, à medida que seu nível de aptidão melhorar. Pense também em um programa de corrida leve, de acordo com a melhoria de sua condição física. Exercite-se sempre com segurança – veja as orientações nas pp. 80-81.

Seu programa de terapia
No programa moderado mostrei como algumas técnicas de reflexologia e várias práticas aiurvédicas podem ser utilizadas. Continue praticando-as regularmente e, se achar conveniente, consulte os profissionais de saúde natural apresentados do 7º ao 14º dias.

Monitore a glicemia
Continue a registrar seus níveis de glicose no sangue regularmente – com a frequência indicada pelo médico. Se o controle de glicose estiver bom, com taxas entre 4-7 mmol/l (72-126 mg/dl), pode permanecer no programa moderado. Porém, se a glicemia estiver regularmente acima de 7 mmol/l (126 mg/dl), considere a possibilidade de passar para o programa força total, baseado na dieta japonesa. Ou, se preferir, permaneça na dieta mediterrânea, mas aumente a dose de suplementos de acordo com as sugestões do programa força total.

Se a leitura da glicose no sangue estiver regularmente acima de 10 mmol/l (180 mg/dl), ou abaixo de 4 mmol/l (71 mg/dl), consulte o médico para um acompanhamento individual, já que talvez sejam necessários ajustes na medicação. Também procure ajuda médica se a pressão arterial estiver constantemente acima de 130/80 mmHg.

receitas do programa moderad
café-da-manhã

cogumelos temperados

rendimento: 4 porções

1 dente de alho amassado
300 g de champignons
1 pimenta vermelha (opcional)
100 ml de azeite extravirgem
suco e raspas de 1 limão-siciliano
um punhado de salsa picada
pimenta-do-reino moída na hora

1 Refogue o alho, os cogumelos e a pimenta no azeite.
2 Acrescente o suco e as raspas de limão-siciliano e a salsa. Tempere.

compota de damasco, laranja e figo

rendimento: 4 porções

12 figos secos picados
12 damascos secos picados
220 ml de suco de maçã sem açúcar
3 pimentas-da-jamaica
suco e raspas de 1 limão-siciliano
2 laranjas grandes descascadas e fatiadas
ramos de hortelã para guarnecer

1 Coloque todos os ingredientes em uma panela, exceto as laranjas e a hortelã. Apure por 20 minutos.
2 Junte as laranjas e deixe esfriar. Sirva com os ramos de hortelã.

sardinhas ao molho de tomate

rendimento: 4 porções

4 sardinhas frescas e limpas
30 ml de azeite
1 cebolinha picada
2 dentes de alho amassados
4 tomates bem picados
suco e raspas de ½ limão-siciliano
um punhado de salsa

1 Pincele as sardinhas com o azeite e salteie com a cebolinha e o alho, até dourarem.
2 Adicione os tomates, o suco e as raspas de limão-siciliano, a salsa e apure por mais 5 minutos ou até terminar o cozimento.

piperade de pimentão

rendimento: 4 porções

1 cebola bem picada
2 dentes de alho amassados
30 ml de azeite
1 pimentão vermelho picado
1 pimentão verde sem sementes picado
2 tomates grandes picados
6 ovos enriquecidos com ômega-3
um punhado de salsa picada
um punhado de cebolinha picada
uma pitada de pimenta-de-caiena
30 ml de iogurte grego ou coalhada
pimenta-do-reino moída na hora

1 Salteie a cebola e o alho no azeite até amolecerem. Acrescente os pimentões e os tomates, e refogue por mais 5 minutos.
2 Bata levemente os ovos com as ervas, a pimenta-de-caiena e o iogurte. Tempere bem com pimenta-do-reino.
3 Junte os ovos à mistura de tomate com cebola e cozinhe, misturando sempre, até os ovos ficarem levemente mexidos.

forminhas mediterrâneas de azeitona

rendimento: 4 porções

60 ml de azeite e um pouco para pincelar
1 talo de cebolinha bem picado
1 dente de alho amassado
1 tomate picado
12 folhas de manjericão picadas
6 ovos enriquecidos com ômega-3
30 ml de iogurte grego ou coalhada
pimenta-do-reino moída na hora

Relish de azeitonas:
9 azeitonas verdes picadas
6 azeitonas pretas gregas picadas
12 alcaparras picadas
1 talo de cebolinha picado
1 dente de alho amassado
2 colheres (chá) de purê de tomate sem sal
60 ml de azeite

1 Preaqueça o forno a 180°C. Unte 4 forminhas refratárias com azeite. Salteie ligeiramente a cebolinha, o alho, o tomate e o manjericão no azeite até amolecerem.
2 Bata levemente os ovos com o iogurte grego. Tempere bem com pimenta-do-reino.
3 Junte a mistura de tomates aos ovos mexidos, distribua nas 4 forminhas e asse por 20 minutos.
4 Enquanto isso, misture os ingredientes restantes em uma tigela, para fazer o relish de azeitonas, e reserve até os ovos ficarem prontos.
5 Para servir, vire os ramequins sobre a travessa e coloque o relish de azeitonas sobre os ovos. Sirva imediatamente.

almoço receitas

sopa mediterrânea de favas

rendimento: 4 porções

250 g de favas
1 talo de aipo picado
2 alhos-porós picados
1 dente de alho amassado
1 pimentão vermelho picado
1 ramo de alecrim fresco
1 ramo de tomilho fresco
1 folha de louro
60 ml de azeite
2 tomates picados
1 cenoura ralada
1 litro de caldo de vegetais ou água
suco e raspas de 1 limão-siciliano
um punhado de salsa picada
pimenta-do-reino moída na hora

1. Cozinhe as favas em água fervente por 2 minutos. Coe e enxágue. Remova as peles soltas.
2. Salteie o aipo, o alho-poró e as ervas no azeite até amolecerem. Acrescente as favas, os tomates, a cenoura, o caldo e deixe ferver. Cozinhe lentamente por 1 hora.
3. Misture o suco e as raspas de limão, tempere com a pimenta e sirva com a salsa por cima.

sopa grega de lentilhas

rendimento: 4 porções

1 cebola picada
2 dentes de alho amassados
6 grãos de pimenta
1 folha de louro
1 ramo de tomilho fresco
1 ramo de orégano ou manjerona
60 ml de azeite
2 cenouras raladas
2 talos de aipo bem picados
4 tomates picados
175 g de lentilhas secas lavadas
1 litro de caldo de legumes (ou de carne ou água)
pimenta-do-reino moída na hora
um punhado de salsa picada (para servir)

1. Refogue as cebolas, o alho, os grãos de pimenta e as ervas no azeite por 2 minutos. Junte as cenouras, o aipo e os tomates e cozinhe por mais 1 minuto.
2. Adicione as lentilhas e o caldo e deixe ferver. Tampe e apure lentamente, por 1 hora ou até as lentilhas ficarem macias.
3. Tempere bem com pimenta-do-reino e sirva com a salsa por cima.

salada de peru com azeitonas

rendimento: 4 porções

450 g de peito de peru cozido em cubinhos
100 g de azeitonas pretas sem caroço
3 talos de cebolinha picados
4 punhados de verduras mistas
12 tomates-cerejas
um punhado de salsa picada (para servir)

Molho:
90 ml de azeite extravirgem
45 ml de vinagre de vinho tinto
1 dente de alho amassado
1 colher (chá) de mostarda de Dijon
30 ml de iogurte desnatado
pimenta-do-reino moída na hora

1. Misture todos os ingredientes para fazer o molho com o batedor manual. Tempere bem com pimenta-do-reino.
2. Em uma tigela, misture o peito de peru, as azeitonas e a cebolinha. Despeje o molho sobre a mistura e deixe marinar por 15 minutos.
3. Coloque a mistura de peru sobre a salada de folhas, arrume os tomates por cima e sirva com a salsa picada.

molho de azeite e limão-siciliano

rendimento: 4 porções

125 ml de azeite extravirgem
suco e raspas de 1 limão-siciliano
um punhado de salsa picada
pimenta-do-reino moída na hora

1 Bata todos os ingredientes no liquidificador. Sirva com saladas, peixe grelhado ou use para temperar legumes e verduras.

tabule

rendimento: 4 porções

115 g de trigo bulgor
225 ml de água fria
45 ml de azeite extravirgem
1 cebola-roxa picada
2 talos de cebolinha picados
2 tomates picados
um punhado de hortelã picada
um punhado de salsa picada
pimenta-do-reino moída na hora

1 Coloque o trigo em uma tigela. Acrescente a água, metade do azeite e deixe de molho por 30 minutos. Coloque o trigo no escorredor ou numa peneira forrada com um pano limpo. Torça as pontas do pano para retirar o máximo de água do trigo.

2 Despeje em uma saladeira. Junte a cebola, a cebolinha, os tomates, as ervas e o azeite restante. Tempere com pimenta-do-reino e misture bem.

tabule

jantar receitas

molho de alho à grega (skordalia)

rendimento: 4 porções

2 fatias de pão integral sem casca
30 ml de vinho branco
4 dentes de alho amassados
100 g de amêndoas moídas
suco de 1 limão
125 ml de azeite extravirgem
pimenta-do-reino moída na hora

1 Molhe o pão no vinho. Retire o excesso de vinho e bata levemente o pão com o alho, as amêndoas moídas e metade do suco de limão no liquidificador.
2 Acrescente o azeite e processe até formar um molho. Tempere com a pimenta e, se necessário, com mais suco de limão.

frango grelhado com molho de manga

rendimento: 4 porções

polpa de 1 manga bem picada
1 pimentão vermelho picado
um punhado de coentro fresco picado
30 ml de azeite extravirgem
suco e raspas de 1 limão
4 peitos de frango pequenos
pimenta-do-reino moída na hora

1 Coloque a manga, o pimentão, o coentro, o azeite e o suco e as raspas de limão em uma tigela, tempere com a pimenta-do-reino e misture.
2 Grelhe o frango por 8 minutos de cada lado ou até ficar cozido.
3 Sirva o frango acompanhado com o molho de manga.

frango grelhado com limão

rendimento: 4 porções

125 ml de azeite
suco e raspas de 2 limões-sicilianos
100 ml de água
1 colher (chá) de mostarda de Dijon
um punhado de estragão fresco picado
4 peitos pequenos de frango
pimenta-do-reino moída na hora

1 Coloque o azeite, o suco e as raspas de limão-siciliano, a água, a mostarda e o estragão em uma panela pequena e deixe ferver. Tempere bem com pimenta-do-reino.
2 Misture com o batedor manual e pincele o molho nos peitos de frango. Preaqueça a grelha ou a churrasqueira.
3 Prepare os peitos de frango, virando e regando com o molho regularmente, até cozinharem (30-40 minutos).

frango grelhado com molho de manga

espetos de arenque com cebola-roxa e pimentão

rendimento: 4 porções

4 arenques limpos e sem espinha (em quartos)
2 pimentões vermelhos fatiados
1 cebola-roxa em quartos separada em camadas

Marinada:
60 ml de azeite
suco e raspas de 1 laranja
suco e raspas de 1 limão-siciliano
um punhado de salsa picada
pimenta-do-reino moída na hora

1 Misture os ingredientes da marinada e derrame sobre os arenques. Deixe descansar por 1 hora no mínimo. Preaqueça a grelha ou a churrasqueira.
2 Enfie o arenque, o pimentão vermelho e os pedaços de cebola em espetos de bambu molhados ou de metal.
3 Grelhe os espetos por 10 minutos, pincele com a marinada e vire frequentemente, até o peixe cozinhar.

peixe assado à grega

rendimento: 4 porções

30 ml de azeite
1 dente de alho amassado
4 filés de peixe branco (bacalhau, robalo, linguado ou truta)
um punhado de ervas frescas picadas (salsa, dill, tomilho ou alecrim)
4 folhas de louro
pimenta-do-reino moída na hora
2 tomates fatiados
1 limão-siciliano fatiado
200 ml de vinho branco seco

1 Preaqueça o forno a 180°C. Misture o alho e o azeite e pincele os filés de peixe.
2 Disponha os filés de peixe em uma travessa refratária pequena. Coloque uma folha de louro sobre cada filé e salpique as ervas. Tempere bem com a pimenta-do-reino e cubra o peixe com fatias de tomate e de limão-siciliano.
3 Regue com o vinho branco e asse por 15-20 minutos, até os filés cozinharem completamente.

cavala grelhada com limão e ervas

rendimento: 4 porções

30 ml de azeite
suco e raspas de 1 limão-siciliano
2 talos de cebolinha bem picados
2 dentes de alho amassados
um punhado de ervas frescas picadas (salsa, dill, alecrim, tomilho e coentro)
4 filés de cavala ou salmão
pimenta-do-reino moída na hora

1 Misture o azeite, o suco e as raspas do limão-siciliano, a cebolinha, o alho e as ervas. Tempere com pimenta-do-reino e despeje sobre o peixe. Deixe marinar por 1 hora, pelo menos.
2 Preaqueça a grelha ou a churrasqueira. Asse os filés por 10-15 minutos, virando-os frequentemente e regando-os com a marinada, até cozinharem.

quiabo ao molho de tomate

rendimento: 4 porções

2 cebolas bem picadas
1 alho-poró picado
60 ml de azeite
400 g de quiabo limpo
4 tomates grandes picados
2 dentes de alho picados
suco e raspas de 1 limão-siciliano
um punhado de salsa picada
pimenta-do-reino moída na hora

1. Salteie as cebolas e o alho-poró no azeite até ficarem tenros. Junte o quiabo e deixe até começar a pegar cor. Junte os tomates, o alho, o suco e as raspas do limão-siciliano, e tempere com pimenta-do-reino.
2. Tampe e cozinhe lentamente por 10-15 minutos, mexendo de vez em quando, até o quiabo ficar macio. Salpique a salsa picada e sirva.

bouillabaisse

rendimento: 4 porções

60 ml de azeite
6 dentes de alho amassados
2 cebolas grandes picadas
1 alho-poró picado
1 bulbo pequeno de erva-doce picado
3 talos de aipo picados
½ pimentão vermelho picado
1 cenoura grande ralada
4 tomates picados
uma pitada de açafrão
1 ramo de alecrim
1 ramo de tomilho
1 folha de louro
1 litro de caldo de legumes (ou água)
3 colheres (chá) de purê de tomate
375 ml de vinho branco seco
suco e raspas de 1 laranja
600 g de filés de vários peixes magros em pedaços (St. Peter's, carapau, pargo, pescada, bacalhau)
300 g de mexilhões limpos
250 g de camarões com casca
pimenta-do-reino moída na hora
um punhado de salsa fresca, para servir

1. Aqueça o azeite em uma panela grande, adicione o alho, a cebola, o alho-poró, a erva-doce, o aipo, o pimentão vermelho e a cenoura e frite levemente, até ficarem tenros. Junte os tomates, o açafrão, o alecrim, o tomilho, o louro e cozinhe por 5 minutos.
2. Enquanto isso, ferva o caldo ou a água em outra panela. Derrame o líquido sobre os legumes e verduras, e adicione o purê de tomate, o vinho e o suco e raspas da laranja.
3. Acrescente os filés de peixe e apure por 5 minutos. Junte os mexilhões e os camarões e continue cozinhando lentamente até os mexilhões abrirem (descarte os que não abrirem).
4. Coe a bouillabaisse e coloque todos os peixes e legumes em uma travessa grande. Mantenha aquecido.
5. Ferva o líquido coado e misture com o batedor continuamente por 1 minuto. Quando a sopa engrossar, tempere com pimenta-do-reino a gosto.
6. Despeje a sopa sobre o peixe e os legumes e sirva salpicada de salsa.

à direita: bouillabaisse

pimentão recheado com quinua

rendimento: 4 porções

100 g de quinua
250 ml de caldo de legumes ou água
2 pimentões verdes
2 pimentões vermelhos
1 cebola picada
2 dentes de alho amassados
12 champignons fatiados
30 ml de azeite
175 g de grãos de milho
3 colheres (chá) de shoyu light
um punhado de amêndoas fatiadas
um punhado de folhas de coentro picadas

1. Preaqueça o forno a 180°C. Lave a quinua em água fria e escorra.
2. Ferva o caldo ou a água em uma panela e junte a quinua. Tampe e apure por 15 minutos, mexendo de vez em quando, até o líquido ser absorvido e a quinua ficar transparente.
3. Corte os pimentões ao meio no sentido do comprimento, retire o talo e as sementes. Coloque em uma panela com água fervente e escalde por 5 minutos. Retire e escorra os pimentões.
4. Refogue a cebola, o alho e os cogumelos no azeite, até ficarem macios. Acrescente a quinua, o milho, o shoyu, as amêndoas, a maior parte do coentro e misture bem.
5. Recheie os pimentões com a mistura de quinua. Salpique o coentro restante por cima, disponha numa assadeira e asse por 30 minutos. Sirva um pimentão verde e um vermelho por pessoa.

legumes ao forno à mediterrânea com chips de parmesão

rendimento: 4 porções

60 ml de azeite
1 cebola-roxa fatiada
2 dentes de alho picados
4 tomates grandes picados
um punhado de ervas frescas picadas (orégano, salsa, tomilho ou alecrim)
2 berinjelas pequenas fatiadas no sentido do comprimento
2 abobrinhas fatiadas no sentido do comprimento
1 pimentão vermelho picado
quatro punhados de queijo parmesão ralado
pimenta-do-reino moída na hora

1. Preaqueça o forno a 200°C.
2. Salteie a cebola e o alho em metade do azeite até amolecerem. Junte os tomates, as ervas e apure por 20 minutos, mexendo sem parar. Tempere com a pimenta-do-reino.
3. Pincele as fatias de berinjela com o azeite restante.
4. Coloque uma camada de molho de tomate no fundo de um refratário. Cubra com uma camada de fatias de abobrinha, de berinjela e de pimentão vermelho, e adicione mais molho. Repita as camadas e leve ao forno por 35 minutos.
5. Para fazer os chips de parmesão, coloque 4 montinhos separados de parmesão em uma assadeira antiaderente. Asse por 4-6 minutos até dourarem e ficarem crocantes. Sirva o prato acompanhado de chips de parmesão.

sobremesa receitas

creme de kiwi

rendimento: 4 porções

6 kiwis sem casca
250 ml de iogurte light

1 Bata 5 kiwis no processador até formar um purê.
2 Misture o iogurte com o purê e disponha em 4 tigelas de sobremesa. Fatie o kiwi restante e coloque duas fatias em cada tigela.

tâmaras recheadas com nozes

rendimento: 4 porções

20 tâmaras
20 nozes cortadas ao meio
um punhado de nozes picadas

1 Faça um corte no sentido do comprimento na parte superior das tâmaras para retirar o caroço.
2 Coloque meia noz dentro de cada tâmara. Disponha em um prato e salpique as nozes picadas por cima.

nectarinas cozidas com laranja

rendimento: 4 porções

4 nectarinas
1 laranja sem casca
300 ml de suco de maçã gelado

1 Coloque as nectarinas em água fervente e apure por 8 minutos. Passe para a água gelada para esfriá-las. Descasque, corte ao meio e retire os caroços. Fatie as nectarinas e coloque em uma travessa.
2 Divida a laranja em gomos e corte cada um ao meio.
3 Junte os pedaços de laranja com as nectarinas, regue com o suco de maçã e sirva imediatamente.

abacaxi com uvas-passas

rendimento: 4 porções

um punhado de uvas-passas
30 ml de xerez seco
1 abacaxi pequeno
um punhado de nozes

1 Coloque as uvas-passas e o xerez em uma vasilha para macerar.
2 Corte 4 fatias da parte central do abacaxi e reserve.
3 Pique o restante da polpa do abacaxi e misture com as uvas e o xerez.

delícia de damasco com canela

rendimento: 4 porções

16 damascos ou pêssegos
1 canela em pau
um punhado de nozes picadas
120 ml de iogurte light
suco e raspas de 1 laranja pequena

1 Coloque os damascos em uma panela com um pouco de água. Junte a canela, tampe e cozinhe lentamente por 5 minutos.
2 Jogue os damascos na água gelada para esfriar. Corte ao meio e retire os caroços.
3 Misture as nozes, o iogurte, o suco e as raspas da laranja. Use essa mistura para colar as metades do damasco. Sirva imediatamente.

introdução ao programa força total

O programa força total se compõe de 14 planejamentos diários que podem ser repetidos criando um programa de 28 dias. É ideal para as pessoas que já seguem uma dieta saudável com muitas frutas frescas, legumes e verduras; para os que completaram o programa moderado e querem um programa mais avançado; ou para os que desejam obter mais benefícios no controle do diabetes. Ele se baseia na dieta japonesa, e numa sequência antiga de ioga e técnicas de shiatsu.

O programa força total

A culinária japonesa está entre as mais saudáveis do mundo. A dieta japonesa tradicional tem baixo teor de gordura, especialmente de gordura saturada, e inclui o arroz, os produtos derivados de soja e de peixe, acompanhados de legumes, grãos e legumes amarelos e verdes, como as plantas crucíferas – incluindo os componentes exóticos das famílias da couve e do nabo (como o rábano e a couve-chinesa).

Faça uma dieta rica em isoflavona A soja e as crucíferas são ricas em isoflavonas – hormônios vegetais (fitoestrógenos) que são metabolizados pelo organismo para produzir um poderoso antioxidante conhecido como equol. Os antioxidantes protegem o sistema cardiovascular de danos, o que é muito importante se você tem diabetes.

No Japão, onde a soja é o principal componente da dieta, a ingestão de isoflavonas é de 50-100 mg por dia – isto é, 20-30 vezes maior do que a ingestão típica ocidental, de apenas 2-5 mg de isoflavonas por dia. Os níveis de fitoestrógenos no sangue são mais de cem vezes superiores aos comumente verificados no Ocidente.

Pesquisadores descobriram que os portadores de diabetes tipo 2 que aumentaram o consumo de proteína de soja (para suprir 132 mg de isoflavonas por dia, pelo menos, por 12 semanas) apresentaram melhora significativa na resistência à insulina, no controle da glicemia, nos níveis de gordura no sangue e no perfil de risco cardiovascular em geral. Vários estudos também demonstram que a substituição de proteína animal por proteína de soja pode ajudar a reduzir o desenvolvimento das complicações do diabetes que envolvem os rins, os olhos e o sistema nervoso.

O metabolismo da isoflavona varia de um indivíduo para outro – para produzir equol é necessário um equilíbrio saudável de bactérias no intestino. É por isso que, no programa força total, aconselho a ingestão de um suplemento probiótico.

Tenha sempre missô e tofu na alimentação

O missô e o tofu são dois tipos de proteína de soja que gostaria que fizessem parte de sua dieta. O missô é uma pasta espessa, feita de soja fermentada, vendida em saquinhos ou potes plásticos. Você pode misturá-lo com água para fazer uma sopa ou um caldo delicioso.

O tofu é um coalho feito com a adição sal de cálcio ou de magnésio ao leite de soja. Dependendo da quantidade de soro que fica no produto, a textura do tofu pode ser firme, macia ou silken. Os produtos identificados como "light" têm menos calorias e gordura. O tofu firme pode ser marinado ou cortado em cubos para fritar ou assar, enquanto o tofu silken é utilizado em

Lista de compras

Será preciso adquirir todos os alimentos e bebidas da lista de compras do programa suave (*veja p. 80*), além dos itens a seguir. Se possível, compre regularmente e em pequenas quantidades, para que os produtos sejam sempre frescos.

bebidas
chá de jasmin
chá de canela
saquê (vinho de arroz)

frutas e legumes
cerejas
lichias
nectarinas
pêssegos
rambotã
verduras orientais (espinafre japonês, mostarda, couve-chinesa)
aspargos
favas
repolho-roxo
acelga
espiga de milho (normal ou mini)
alho-poró
cogumelos (shimeji, portobelo, hiratake, maitake, shitake)
algas marinhas (aramê, hijiki, kombu, nori, wakame)
acelga
nabo
alface

nozes, castanhas e sementes (sem sal)
castanha-do-pará
amendoim
noz-pecã
pistache

ervas, condimentos, azeite, vinagre
capim-limão
óleo de gergelim (claro e escuro)
óleo de soja (light)
vinagre de vinho de arro

grãos
pão de trigo integral
arroz (basmati ou koshihikari)
soba (macarrão de trigo-sarraceno)
bifum (macarrão de arroz)
lámen (macarrão oriental)

proteínas
cavalinha
arenque
anchova
truta
filé de atum (fresco)
bife de carne bovina
bife de carne de porco
peito de pato
tofu – firme, macio e silken

diversos
gengibre em conserva fatiado
amido de milho
creme de amendoim
missô (pasta de soja fermentada)
mirin (saquê para culinária)
molho de peixe japonês (shottsuru)
wasabi (raiz-forte)

sobremesas e molhos cremosos. Existe também o tofu japonês tradicional (kinugoshi), produzido pela adição de extrato de algas (nigari) ao leite de soja, para condensá-lo sem drenar o soro. É assim que é produzido um tofu "acetinado", com textura semelhante ao iogurte. Mesmo as variedades firmes e extrafirme têm consistência macia, fácil de misturar a outros produtos.

Reserve um tempo para se adaptar à nova dieta
Se ainda não conhece a culinária japonesa, precisará de tempo para se acostumar aos ingredientes e às técnicas de preparo. Familiarize-se com os ingredientes que podem ser novidade para você – como o aramê (uma alga marinha negra) ou o enoki (cogumelos brancos longos e finos) – pela internet. Se for difícil encontrar um ingrediente, substitua-o por um equivalente ocidental, por exemplo, espinafre ou acelga em vez de couve-chinesa, vinho em lugar de saquê.

No Japão, o conteúdo do café-da-manhã não difere das outras refeições, como no Ocidente. O café-da-manhã japonês habitualmente inclui uma tigela de arroz cozido no vapor, um pedaço pequeno de peixe (por exemplo, salmão ou truta salmonada), uma tigela de sopa de missô com tofu, alguns legumes e, em geral, ameixa em conserva com uma xícara de chá verde.

O arroz é servido de forma diferente do costume ocidental – ele é cozido puro, sem sal; também pode ser regado com vinagre de vinho de arroz (*veja p. 148*) e outros temperos no caso dos sushis. Você vai notar que sugeri o uso de arroz integral nos cardápios diários – por ter menor índice glicêmico. Porém, se a glicemia estiver controlada e você deseja usar o arroz branco, escolha o tipo basmati, doongara ou koshihikari.

A rotina de exercícios do programa força total

Indiquei o programa de exercícios para as pessoas que estão relativamente em forma e que já caminham pelo menos 40 minutos ou fazem 20 minutos de bicicleta quase todos os dias. Durante o programa você fará uma

Suplementos do programa força total

No início, você pode decidir tomar apenas um ou dois destes suplementos e acrescentar outros ao prosseguir no programa. Há informações sobre estes suplementos e sua capacidade de melhorar o controle da glicose e/ou reduzir as complicações do diabetes nas pp. 62-65. Consulte o médico antes de tomar suplementos.

suplementos recomendados diariamente

- Vitamina C (1.000 mg)
- Vitamina E (400 mg/600 i.u.)
- Ácido alfalipoico (150 mg)
- Selênio (200 mcg)
- Coenzima Q10 (120 mg)
- Cromo (200 mcg)
- Magnésio (300 mg)
- Zinco (25 mg)
- Vitaminas do complexo B (100 mg)
- Óleos de peixe ômega-3 (900 mg diários, por exemplo, 3 X 1 g de óleo de peixe em cápsulas, cada uma fornecendo 180 mg EPA + 120 mg DHA)
- Suplemento probiótico

suplementos diários opcionais (fornecerão benefícios adicionais à saúde)

- Pycnogenol (200 mg)
- Cápsulas de alho (1.000-1.500 mcg de alicina)
- Extrato de mirtilo (300 mg, padronizado em 25 por cento de antocianinas)
- Ácido linoleico conjugado (6 g)

caminhada em ritmo acelerado de 45 minutos, ou 30 minutos de bicicleta ou natação quase todos os dias. Para variar, em vez de fazer apenas uma atividade por dia, você pode fazer as três. O exercício diário é importante para o bom controle do nível de glicose no sangue. Tome o tempo sugerido neste plano para caminhada em ritmo acelerado, como referência do tempo mínimo que deve fazer. Se puder, exercite-se por mais tempo.

Sempre faça um aquecimento, desacelere e monitore os batimentos por 10 segundos (*veja p. 80*) durante o exercício para verificar se está trabalhando na intensidade correta. Exercite-se com segurança – familiarize-se com as orientações das pp. 80-81.

Assim como os exercícios aeróbicos diários, também apresento várias posturas de ioga que se complementam formando uma série clássica chamada saudação ao sol. Execute-a todas as manhãs, ao levantar, para saudar o dia. Essas posturas massageiam os órgãos internos, inclusive o pâncreas, e estimulam a circulação. Fazer ioga todos os dias, por 40 dias, pode trazer um efeito benéfico para os níveis de glicose no sangue, e diminuir significativamente a cintura (*veja p. 68*). De acordo com os adeptos da ioga, a saudação ao sol ajuda o espírito a se ajustar melhor com o corpo, e promove a harmonia entre os dois. A respiração ritmada ajudará a perceber como cada postura flui para a próxima.

As terapias do programa força total

O programa de terapia complementar utiliza a massagem japonesa shiatsu, estimulando os pontos de acupuntura benéficos para o diabetes. Recomendo também que consulte um terapeuta de shiatsu, ou um acupunturista, para um aconselhamento profissional individual.

1

planejamento diário primeiro dia

Cardápio diário

- **Café-da-manhã: missoshiro de legumes (*veja p. 164*)**
- **Lanche matinal: uma porção de fruta**
- **Almoço: um pêssego e ½ abacate picado e arrumado sobre uma salada de folhas mistas. Salada de arroz integral (*veja p. 168*), regada com vinagre de vinho de arroz**
- **Lanche da tarde: um punhado de amêndoas, macadâmias e pistaches**
- **Jantar: yakitori (*veja p. 171*). Brócolis e acelga refogados. Arroz integral com vinagre de vinho de arroz. Um punhado de ameixas**
- **Bebidas: chá verde, branco, de canela, de jasmim e água mineral à vontade**
- **Suplementos: veja p. 145**

Rotina diária de exercícios

Hoje apresentarei a primeira postura de uma sequência de ioga denominada saudação ao sol. Execute-a pela manhã ao acordar. Como exercício aeróbico, faça uma caminhada de 45 minutos em ritmo acelerado, ou 30 minutos de bicicleta ou de natação. Ao anoitecer, relaxe, deitado em savasana (*veja p. 129*).

A montanha

1 Fique de pé com os joelhos relaxados e levemente flexionados, e com os pés um pouco afastados, formando uma base estável. Permaneça nessa posição alguns segundos.

2 Junte as mãos diante do tórax em posição de prece, de modo que os polegares pressionem delicadamente o esterno. Relaxe nessa posição por 1 minuto, inspirando e expirando calmamente. No fim, quando fizer a sequência completa da saudação ao sol, você permanecerá nessa postura por poucos segundos, antes de se movimentar novamente.

3 Relaxe na postura do cadáver (*veja p. 129*). Beba um pouco de água.

> **Evite a posição invertida** !
>
> **Não execute a saudação ao sol se sua pressão arterial for igual ou superior a 160/100 mgHg. Ela inclui posturas invertidas, que podem elevar ainda mais a pressão. Se sua pressão estiver descontrolada, siga os programas de exercícios suave ou moderado até normalizar-se.**

Shiatsu

Nos próximos dias, apresentarei algumas técnicas de acupressão do shiatsu. Hoje, gostaria que experimentasse a massagem abaixo. Passe uma loção de aromaterapia nas mãos.

Massagem shiatsu nas mãos (1)

1 Encontre um ponto sensível à pressão, no lado da mão, abaixo do dedo mínimo. Ele fica em uma depressão óssea abaixo da dobra lateral da mão. Esse é o ponto do caratê – a massagem abre os sentidos, acalma o espírito, reduz a dor e ajuda a normalizar as funções corporais.

2 Massageie esse ponto por 20 segundos em cada mão.

1 2

programa força total segundo dia

Cardápio diário

- **Café-da-manhã: sashimi (*veja p. 165*)**
- **Lanche matinal: uma porção de fruta**
- **Almoço: salada japonesa de pepino e amendoim (*veja p. 168*)**
- **Lanche da tarde: um punhado de amêndoas, pecãs e pistaches**
- **Jantar: tofu assado marinado (*veja p. 169*). Legumes mistos refogados. Arroz integral com vinagre de vinho de arroz. Laranja com kiwi (*veja p. 172*)**
- **Bebidas: chá verde, branco, de canela, de jasmim e água mineral à vontade**
- **Suplementos: veja p. 145**

Para o café-da-manhã de hoje temos sashimi – compre o peixe bem fresco. O consumo de peixe cru superfresco otimiza a absorção de ácidos graxos essenciais ômega-3, que têm inúmeros efeitos benéficos para o coração e a circulação. Também é uma refeição de baixo teor glicêmico, perfeita para os diabéticos. Ao comer peixe com arroz, escolha o arroz integral ou vermelho, a menos que a glicemia esteja bem controlada. Nesse caso, pode comer arroz branco. Regue o arroz com vinagre de vinho de arroz, para reduzir ainda mais o índice glicêmico.

Rotina diária de exercícios

Comece o dia com a primeira postura da saudação ao sol (veja no 1º dia) e a postura abaixo. Como rotina diária de exercícios aeróbicos, caminhe em ritmo acelerado por 45 minutos, ou faça bicicleta ou natação por 30 minutos. Ao anoitecer, relaxe na postura savasana (*veja p. 129*).

Alongamento para o alto

1. Inspire e expire pelo nariz, estenda os braços e eleve-os lentamente acima da cabeça.
2. Alongue as costas até o ponto em que ainda se sinta confortável. Deixe a cabeça pender olhando para o céu. As palmas das mãos devem estar voltadas para cima.
3. Inspire e expire calmamente e relaxe nessa postura por alguns segundos. Expire e volte à posição ereta.
4. Relaxe na postura savasana (*veja p. 129*). Beba um pouco de água.

Shiatsu

Repita a massagem do 1º dia e os passos a seguir.

Massagem shiatsu nas mãos (2)

1. Encontre um ponto sensível à pressão no centro da mão esquerda – em geral, está alinhado com a base do dedo anular. A pressão deste ponto de acupuntura é usada tradicionalmente para estimular o pâncreas.
2. Quando encontrar o ponto sensível, pressione-o bem com o polegar por 20 segundos, sem massageá-lo.
3. Retire o polegar com uma pressão rápida. Agora, faça o mesmo na palma direita. Se não conseguir encontrar o ponto sensível, massageie delicadamente essa área da palma de cada mão por 20 segundos.

terceiro dia

Cardápio diário

- **Café-da-manhã: sopa de tofu e alho-poró (*veja p. 165*)**
- **Lanche matinal: uma porção de fruta**
- **Almoço: salada de carne de siri cozida com um punhado de brotos de feijão, favas tenras e molho de vinagre japonês (veja molhos para outras receitas de almoço nas *pp. 166 e 168*). Pãozinho integral**
- **Lanche da tarde: um punhado de amêndoas, pecãs e macadâmias**
- **Jantar: filé de atum fresco passado no gergelim e grelhado ligeiramente. Legumes refogados com bifum (*veja p. 169*). Maçã fatiada**
- **Bebidas: chá verde, branco, de canela, de jasmim e água mineral à vontade**
- **Suplementos: veja p. 145**

Rotina diária de exercícios

Comece o dia com as duas primeiras posturas da saudação ao sol (veja 1º e 2º dias), seguidas da flexão para a frente descrita abaixo. Também caminhe em ritmo acelerado por 45 minutos, ou faça bicicleta ou natação por 30 minutos. Ao anoitecer, relaxe deitado em savasana (*veja p. 129*).

Flexão para a frente – 1ª etapa

1 Expire e dobre a cintura. Deixe os braços e a cabeça penderem para a frente. Mantenha as costas eretas, os joelhos ligeiramente flexionados e a cabeça bem solta. À medida que sua flexibilidade aumentar, vai conseguir apoiar as mãos no chão.

2 Relaxe na postura por alguns segundos e depois, expirando, retorne lentamente à posição ereta.

3 Relaxe na postura savasana (*veja p. 129*). Beba um pouco de água.

Shiatsu

Repita as massagens dos dois dias anteriores. Agora, massageie o seguinte ponto no pulso, ótimo para o coração, a circulação e os distúrbios metabólicos como o diabetes.

Massagem shiatsu nas mãos (3)

1 Procure uma área sensível no centro do pulso, do lado da palma. Este ponto em geral está situado entre dois tendões – encontre-o inclinando o pulso levemente para trás e para a frente.

2 Se esse ponto estiver sensível, pressione-o profundamente com o polegar por 20 segundos, sem massagear, e depois retire o polegar com uma pressão brusca. Repita o processo no outro pulso.

3 Se não conseguir encontrar um local sensível, massageie delicadamente essa parte dos dois pulsos por 20 segundos.

O poder da canela

Beba chá de canela para melhorar o controle da glicemia. Faça o seu próprio chá, mergulhe a canela em pau em água fervente por 5 minutos e coe; ou compre saquinhos de chá. Sirva com rodelas de limão, para obter um sabor especial. A ingestão de extratos de canela pode melhorar os níveis de glicose no sangue em até 10 por cento.

programa força total quarto dia

Cardápio diário

- **Café-da-manhã: sushi à moda ocidental (veja p. 165)**
- **Lanche matinal: uma porção de fruta**
- **Almoço: salada de carne com nabo (*veja p. 168*). Arroz integral regado com vinagre de vinho de arroz e ervas finas**
- **Lanche da tarde: um punhado de amêndoas, pecãs e macadâmias**
- **Jantar: legumes orientais com arroz integral (*veja p. 172*). Lichias, rambotã e ameixas (*veja p. 173*)**
- **Bebidas: chá verde, branco, de canela, de jasmim e água mineral à vontade**
- **Suplementos: veja p. 145**

A sobremesa de hoje inclui o rambotã, uma fruta de polpa opaca e sabor semelhante à lichia, mas cuja casca peluda é inconfundível. Se possível, compre o rambotã fresco – os mais maduros têm casca e pelos vermelhos.

Rotina diária de exercícios

Comece o dia com as posturas da saudação ao sol (veja do 1º ao 3º dias), seguidas da postura abaixo. Como rotina diária de exercícios aeróbicos, caminhe em ritmo acelerado por 45 minutos, ou exercite-se na bicicleta ou nade por 30 minutos. Ao anoitecer, relaxe na postura savasana (*veja p. 129*).

Flexão a para frente – 2ª etapa

1 Continuando a postura anterior, segure a parte posterior das pernas, no ponto mais baixo que conseguir de modo confortável. Coloque o queixo no peito e flexione os cotovelos empurrando a parte superior do corpo delicadamente em direção às pernas.
2 Relaxe nessa postura por alguns segundos, expire e retorne lentamente à posição ereta.
3 Relaxe na postura savasana (veja p. 129). Beba um pouco de água.

Shiatsu

Repita as massagens do 1º ao 3º dias e acrescente estes passos.

Massagem shiatsu nas mãos (4)

1 Coloque o indicador sobre o meio do outro braço, bem na dobra interna do cotovelo. Dobre o braço e, quando sentir o tendão enrijecer, curve o dedo, pressionando atrás do tendão.
2 Se o local estiver sensível, pressione-o com o polegar por 20 segundos, e retire com uma pressão rápida. Repita o processo no cotovelo oposto.
3 Se a área não estiver sensível, massageie-a delicadamente por 20 segundos, girando o polegar.

quinto dia

Cardápio diário

- **Café-da-manhã: missoshiro de legumes (veja p. 164)**
- **Lanche matinal: uma porção de fruta**
- **Almoço: salada japonesa de repolho (*veja p. 166*) com carne de porco assada e fatiada**
- **Lanche da tarde: um punhado de amêndoas, pecãs e macadâmias**
- **Jantar: pescada à oriental (*veja p. 171*). Refogado de pimentões, ervilhas-tortas, brotos de feijão e cogumelos. Arroz integral borrifado com vinagre de vinho de arroz. Pera fatiada**
- **Bebidas: chá verde, branco, de canela, de jasmim e água mineral à vontade**
- **Suplementos: veja p. 145**

Rotina diária de exercícios

Inicie o dia com as posturas da saudação ao sol do 1º ao 4º dias e a postura abaixo. Para a rotina diária de exercícios aeróbicos, caminhe em ritmo acelerado por 45 minutos, ande de bicicleta ou nade por 30 minutos. Ao anoitecer, relaxe deitado em savasana (*veja p. 129*).

Perna esquerda para trás

1 Ao inspirar, dê um passo para trás com a perna esquerda, afastando-a o máximo que puder. Flexione o joelho direito e coloque as duas mãos no chão (braços esticados) nas laterais do pé direito. Se conseguir, apoie o joelho esquerdo no chão. Mantenha as costas eretas e incline levemente a cabeça para trás, olhando para cima.

2 Fique nessa postura por alguns segundos, inspirando e expirando calma e suavemente. Retorne à posição ereta ao expirar.

3 Relaxe na postura savasana (*veja p. 129*). Beba um pouco de água.

Shiatsu

Repita as massagens do 1º ao 4º dias e acrescente a seguinte.

Massagem shiatsu nas mãos (5)

1 Procure outro ponto sensível, que, como o de ontem, também fica na dobra do cotovelo. Porém, desta vez, na direção do polegar em vez do dedo mínimo. É mais fácil de encontrar dobrando o cotovelo em ângulo reto.

2 Quando encontrar essa área sensível, pressione bem o polegar sobre ela por 20 segundos, sem massagear, e então retire-o com uma pressão rápida. Repita o processo com o outro cotovelo.

3 Se não conseguir encontrar um ponto sensível, massageie suavemente toda a área por 20 segundos, com rotações do polegar.

1 2 3 4 5 6

programa força total sexto dia

Cardápio diário

- **Café-da-manhã: sashimi (*veja p. 165*)**
- **Lanche matinal: uma porção de fruta**
- **Almoço: peito de frango grelhado quente ou frio. Aspargos. Uma tigela de salada de folhas mistas com molho japonês de vinagre (use uma das receitas de molho das *pp. 166 e 168*). Pãozinho integral**
- **Lanche da tarde: um punhado de amêndoas, pecãs e macadâmias**
- **Jantar: refogado de alga com cogumelo e verduras (*veja p. 170*). Arroz integral borrifado com vinagre de vinho de arroz. Lichias recheadas (veja p. 173)**
- **Bebidas: chá verde, branco, de canela, de jasmim e água mineral à vontade**
- **Suplementos: veja p. 145**

No almoço de hoje – e em muitos outros do programa força total – você acrescentará o vinagre de vinho de arroz a uma porção de arroz. Isso é ótimo para os diabéticos, pois reduz o índice glicêmico de alimentos com amido, como o arroz, em 40 por cento ou mais. Assim, o acréscimo de vinagre reduz as oscilações da glicose no sangue e diminui a necessidade de insulina. Além disso, influencia na sensação de estômago vazio, reduzindo os acessos de fome. Ou seja, provavelmente você comerá menos na próxima refeição – o que é ideal se precisa perder peso.

Rotina diária de exercícios

Comece o dia com as posturas da saudação ao sol que aprendeu até agora, além da postura abaixo. Durante o dia, caminhe em ritmo acelerado por 45 minutos, ou faça bicicleta ou natação por 30 minutos. Ao anoitecer, relaxe deitado em savasana (*veja p. 129*).

Cachorro olhando para baixo

1 A partir da postura anterior, sustente o peso da parte superior do corpo sobre as mãos. Agora, movimente a perna direita para trás, de forma que fique paralela à esquerda e os pés fiquem lado a lado. Pressione os calcanhares no chão e eleve o quadril o mais alto que puder, formando um V invertido, com a cabeça pendendo entre os braços.

2 Nessa posição, respire calma e ritmicamente por alguns segundos. Expirando, volte à posição ereta.

3 Relaxe em savasana (*veja p. 129*). Beba um pouco de água.

Shiatsu

Repita as massagens do 1º ao 5º dias. Agora, encontre "o ponto doce" no centro do topo de sua cabeça. Estimular esse ponto de acupuntura extraordinário pode ampliar sua energia e reduzir a compulsão por açúcar.

Massagem de shiatsu na cabeça

1 Explore delicadamente o topo da cabeça, no centro, até encontrar um ponto sensível. Pressione-o com o polegar por 20 segundos, sem massagear, e então o retire rapidamente.

2 Se não conseguir encontrar um local sensível, massageie levemente o topo de sua cabeça por 20 segundos.

sétimo dia

Cardápio diário

- **Café-da-manhã: sopa de tofu e alho-poró (*veja p. 165*)**
- **Lanche matinal: uma porção de fruta**
- **Almoço: frango desfiado com pedaços de nectarina ou pêssego, sobre uma salada verde mista com molho japonês de vinagre (use uma das receitas de molho das *pp. 166 e 168*). Um pãozinho integral**
- **Lanche da tarde: um punhado de amêndoas, pecãs e macadâmias**
- **Jantar: peixe no vapor com arroz integral (*veja p. 170*). Legumes e verduras fritos. Um punhado de cerejas**
- **Bebidas: chá verde, branco, de canela, de jasmim e água mineral à vontade**
- **Suplementos: veja p. 145**

Rotina diária de exercícios

Inicie o dia com as seis posturas da saudação ao sol aprendidas na semana passada. Passe diretamente para a postura a seguir. Mantenha a rotina diária de exercícios aeróbicos com uma caminhada acelerada de 45 minutos, ou fazendo bicicleta ou natação por 30 minutos. Ao anoitecer, relaxe deitado em savasana (*veja p. 129*).

Postura da prancha

1. Continue a partir da postura do cachorro olhando para baixo e, expirando lentamente, abaixe em direção ao chão, de modo que apenas os dedos dos pés, o queixo, o peito e os joelhos toquem o chão – mantenha o quadril elevado. A princípio, pode achar essa postura cansativa, mas com a prática os músculos se fortalecerão e ficará mais fácil.
2. Permaneça na postura enquanto se sentir confortável, respirando suave e ritmicamente. Expirando, retorne à posição inicial.
3. Relaxe em savasana (*veja p. 129*). Agora, beba um pouco de água.

Consulte um terapeuta de shiatsu

Depois de praticar o shiatsu sozinho por alguns dias, gostaria que procurasse um terapeuta de shiatsu para uma massagem. Na primeira consulta, ele perguntará sobre seu histórico médico, estilo de vida e emoções, observará sua aparência, movimentos e postura, escutará sua voz e tocará seu pulso.

Durante o tratamento você fica vestido – é melhor usar roupas de algodão leves e folgadas. Enquanto você está deitado sobre um colchonete ou futon, o terapeuta pressiona determinados acupontos em seu corpo com os polegares, dedos, joelhos ou ombros, para normalizar o fluxo de energia chi através dos meridianos. Uma sessão comum dura cerca de 1 hora; no final, você provavelmente se sentirá relaxado e cheio de energia. Tanto antes quanto imediatamente após o tratamento, evite o consumo de álcool, refeições pesadas, banho quente (de imersão ou chuveiro) ou exercícios cansativos, pois podem interferir nos efeitos benéficos da terapia com shiatsu.

programa força total oitavo dia

Cardápio diário

- **Café-da-manhã: três rolinhos tricolores de salmão (*veja p. 164*)**
- **Lanche matinal: uma porção de fruta**
- **Almoço: salada de arroz integral (*veja p. 168*). Um filé pequeno de cavala defumada ou um filé de frango**
- **Lanche da tarde: um punhado de amêndoas, pecãs e macadâmias**
- **Jantar: refogado de vários legumes e verduras com gengibre e alho. Arroz integral com vinagre de vinho de arroz. Bananas com castanha--do-pará (*veja p. 173*)**
- **Bebidas: chá verde, branco, de canela, de jasmim e água mineral à vontade**
- **Suplementos: veja p. 145**

Rotina diária de exercícios

Comece o dia com as posturas da saudação ao sol do 1º ao 7º dia, além da postura abaixo. Como exercício aeróbico diário, caminhe em ritmo acelerado durante 50 minutos, faça bicicleta ou nade por 35 minutos. Ao anoitecer, relaxe na postura savasana (*veja p. 129*).

Cobra

1 Prosseguindo a partir da postura anterior, expire e deixe o quadril cair no chão. Para ficar na posição da cobra, apoie-se nos braços e erga a parte superior do corpo no ar, deixando a cabeça pender para trás.
2 Mantenha a postura por alguns segundos, sentindo o alongamento da parte superior do corpo. Expirando, retorne à posição ereta.
3 Relaxe na postura savasana (*veja p. 129*). Beba um pouco de água.

Shiatsu

Verifique os acupontos trabalhados do 1º ao 6º dias. Se algum ponto ainda estiver sensível, massageie-o por 20 segundos. Agora, concentre-se no seguinte ponto no tórax.

Massagem shiatsu no tórax

1 Coloque o dedo indicador na marca em forma de U, no alto do osso esterno. Deslize 7,5 cm para baixo e mais 7,5 cm para a direita. Descubra uma área sensível entre duas costelas. Pressione esse ponto com o polegar por 20 segundos, e retire-o com um movimento rápido.
2 Se não conseguir encontrar um local sensível, explore a mesma área do lado esquerdo do peito. Se não existirem pontos de sensibilidade, massageie levemente o local do lado esquerdo do peito por 20 segundos.

Combata a pele seca

Hidrate a pele dos pés e das pernas regularmente – de preferência todos os dias –, pois o diabetes pode afetar os nervos dos membros inferiores que controlam a transpiração. Em consequência, a pele dos pés e das pernas pode ficar seca e quebradiça, facilitando infecções. Mantenha a pele hidratada para evitar esse problema.

1 2 3 4 5 6 7 8 **9**

programa força total nono dia

Cardápio diário

- **Café-da-manhã: missoshiro de legumes (*veja p. 164*)**
- **Lanche matinal: uma porção de fruta**
- **Almoço: uma tigela de repolho picado, cenoura, cebola-roxa e coentro com tiras finas de carne cozida e suco de limão e shoyu light. Pãozinho integral**
- **Lanche da tarde: um punhado de amêndoas, pecãs e macadâmias**
- **Jantar: teriyaki de salmão (*veja p. 169*). Arroz integral borrifado com vinagre de vinho de arroz.**
- **Bebidas: chá verde, branco, de canela, de jasmim e água mineral à vontade**
- **Suplementos: veja p. 145**

O missô é um ingrediente tanto do café-da-manhã quanto do jantar. Depois de preparado, conserve na geladeira. Evite fervê-lo para preservar suas qualidades positivas.

Rotina diária de exercícios

A partir de hoje, a sequência de saudação ao sol que você aprendeu começará a surtir efeito. A postura de hoje é a mesma do 6º dia. Tente fluir de uma postura para outra sem interrupção, usando a respiração. Com o tempo, a ioga se tornará uma prática meditativa. Caminhe em ritmo acelerado por 50 minutos, faça bicicleta ou nade por 35 minutos. Ao anoitecer, relaxe deitado em savasana (*veja p. 129*).

Advertência sobre a massagem

Se tiver alguma infecção, ulceração ou coágulo de sangue nos membros inferiores, não massageie as pernas ou pés. Em vez de fazer a massagem de hoje, volte e repita o programa de shiatsu para a parte superior do corpo da primeira semana.

Cachorro olhando para baixo

1 Continuando a partir da postura anterior, expire e empurre o corpo para cima, apoiando-se nas mãos. Eleve o quadril, formando um V invertido, com a cabeça pendendo entre os braços.
2 Nessa postura, respire calma e ritmadamente por alguns segundos. Expirando, retorne para a posição ereta.
3 Relaxe na postura savasana (*veja p. 129*). Beba um pouco de água.

Shiatsu

Verifique os acupontos usados nos dias anteriores deste programa e massageie os pontos sensíveis por 20 segundos.

Massagem shiatsu para as pernas (1)

1 Encontre o acuponto exatamente abaixo do joelho conhecido como zusanli. Ele fica quatro dedos abaixo da rótula, na cavidade que se forma ao dobrar o joelho - entre o osso da canela e o músculo da perna, no lado externo.
2 Massageie esse ponto por 20 segundos e repita na outra perna.

décimo dia

Cardápio diário

- **Café-da-manhã: sushi à moda ocidental (*veja p. 165*)**
- **Lanche matinal: uma porção de fruta**
- **Almoço: meio abacate coberto com pepino picado e carne de siri. Um pãozinho integral**
- **Lanche da tarde: um punhado de amêndoas, pecãs e macadâmias**
- **Jantar: espetinho japonês de carne de porco (*veja p. 171*). Arroz integral com vinagre de vinho de arroz. Bananas geladas ao chocolate (*veja p. 173*)**
- **Bebidas: chá verde, branco, de canela, de jasmim e água mineral à vontade**
- **Suplementos: veja p. 145**

Rotina diária de exercícios

Inicie o dia com as 9 primeiras posturas da saudação ao sol e adicione a postura a seguir (*veja abaixo*). Para a rotina de exercícios aeróbicos diários, caminhe em ritmo acelerado por 50 minutos, faça bicicleta ou nade por 35 minutos. Ao anoitecer, relaxe deitado em savasana (*veja p. 129*).

Perna direita para trás

1 Continuando a partir da postura anterior, expire e dê um passo à frente com a perna esquerda. Flexione o joelho esquerdo e coloque as duas mãos no chão (braços esticados), uma de cada lado do pé esquerdo. Se conseguir, mantenha o joelho direito no chão. Mantenha as costas retas e incline a cabeça levemente para trás, olhando para cima.

2 Mantenha a postura por alguns segundos, antes de expirar e voltar para a posição ereta.

3 Relaxe na postura savasana (*veja p. 129*). Beba um pouco de água.

Shiatsu

Verifique os acupontos utilizados nos dias anteriores deste programa e massageie o ponto que ainda estiver sensível por 20 segundos.

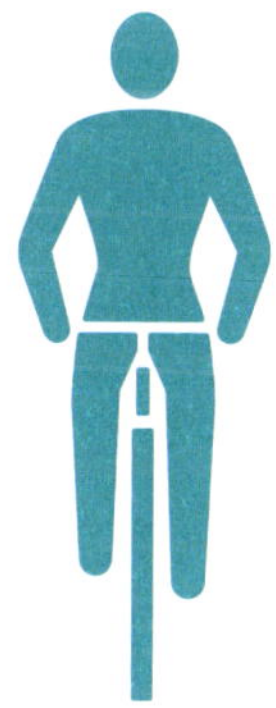

Massagem shiatsu para as pernas (2)

1 Encontre um acuponto no lado interno da parte inferior da perna, pouco acima do tornozelo. Coloque um dedo na projeção do osso (maleolo medial) da parte interna do tornozelo, deslize para cima, pelo osso da canela (cerca de um palmo), e explore a área buscando pontos sensíveis.

2 Pressione o polegar no local sensível por 20 segundos, sem massagear, e retire em um movimento rápido. Repita na outra perna.

3 Se não conseguir encontrar uma área sensível, massageie levemente toda a área, por 20 segundos, girando o polegar.

1 2 3 4 5 6 7 8 9 10 **11**

programa força total décimo primeiro dia

Cardápio diário

- **Café-da-manhã: missoshiro de legumes (*veja p. 164*)**
- **Lanche matinal: uma porção de fruta**
- **Almoço: salada japonesa de pepino e frango (*veja p. 166*)**
- **Lanche da tarde: um punhado de amêndoas, pecãs e macadâmias**
- **Jantar: um punhado de camarões refogados com alho, gengibre, cebolinha, brócolis e couve-chinesa. Arroz integral borrifado com vinagre de vinho de arroz. Um punhado de cerejas**
- **Bebidas: chá verde, branco, de canela, de jasmim e água mineral à vontade**
- **Suplementos: veja p. 145**

Rotina diária de exercícios

Comece o dia com as primeiras dez posturas da saudação ao sol e flexão para a frente, descrita abaixo. Aumente os exercícios aeróbicos diários em 10 minutos: caminhe em ritmo acelerado por 60 minutos, faça bicicleta por 45 minutos ou nade por 40 minutos. Ao anoitecer, relaxe deitado em savasana (*veja p. 129*).

Flexão parar a frente

1 A partir da postura anterior, expire e junte o pé direito ao esquerdo. Deixe a parte superior do corpo se projetar para a frente, com os braços e a cabeça soltos. Mantenha as costas eretas, os joelhos levemente flexionados e a cabeça pendente. À medida que se tornar mais flexível, procure apoiar as palmas no chão à sua frente.

2 Inspire e expire calmamente. Relaxe nessa postura por alguns segundos. Expire e retorne lentamente para a posição ereta.

3 Relaxe na postura savasana (*veja p. 129*). Beba um pouco de água.

Shiatsu

Verifique os acupontos que trabalhou nos dias anteriores a este programa, e massageie por 20 segundos os que ainda estiverem sensíveis. Hoje, os acupontos são comumente utilizados no tratamento do diabetes por beneficiarem os rins.

Massagem shiatsu para as pernas (3)

1 Coloque um dedo sobre a projeção óssea (maléolo medial) na parte interna do tornozelo, e deslize cerca de 2 cm, na depressão exatamente abaixo dele.

2 Se o local estiver sensível, pressione-o com o polegar por 20 segundos, sem massagear, e retire-o com um movimento brusco. Depois, faça o mesmo na outra perna.

3 Se o local não estiver sensível, massageie o ponto suavemente por 20 segundos, rotacionando o polegar.

décimo segundo dia

Cardápio diário

- **Café-da-manhã: chawan mushi (*veja p. 164*)**
- **Lanche matinal: uma porção de fruta**
- **Almoço: uma tigela de abacate picado, nabo ralado e salada de folhas mistas com um punhado de camarões descascados e molho japonês de vinagre (use uma das receitas de molho das *pp. 166 e 168*). Pãozinho integral**
- **Lanche da tarde: um punhado de amêndoas, pecãs e macadâmias**
- **Jantar: cogumelos japoneses refogados com algas marinhas (*veja p. 170*). Arroz integral borrifado com vinagre de vinho de arroz. Damascos recheados com amêndoas (veja p. 172)**
- **Bebidas: chá verde, branco, de canela, de jasmim e água mineral à vontade**
- **Suplementos: veja p. 145**

Hoje o almoço contém nabo, rico em vitamina C, potássio, folato e magnésio – elementos benéficos para os diabéticos. Também possui flavonoides antioxidantes, que, junto com a vitamina C, ajudam a fortalecer as paredes dos capilares sanguíneos, reduzindo o risco de desenvolver complicações do diabetes. Os hormônios vegetais do nabo têm efeito benéfico na elasticidade das paredes dos vasos sanguíneos.

Rotina diária de exercícios

Inicie o dia com as posturas da saudação ao sol do 1º ao 11º dias, e a postura abaixo. Caminhe em ritmo acelerado por 60 minutos, faça bicicleta por 45 minutos ou nade por 40 minutos. Ao anoitecer, relaxe deitado em savasana (*veja p. 129*).

Alongamento para o alto

1. Expirando, fique em pé lentamente e eleve os braços acima da cabeça.
2. Alongue-se para trás até onde se sentir confortável, dobrando a cabeça, olhando para cima. As palmas das mãos devem estar voltadas para cima.
3. Inspire e expire calmamente e relaxe nessa postura por alguns segundos. Abaixe os braços ao expirar.
4. Relaxe na postura savasana (*veja p. 129*). Depois, beba um pouco de água.

Shiatsu

Verifique os acupontos usados nos dias anteriores deste programa e massageie aqueles que ainda estiverem sensíveis por 20 segundos. Depois, faça esta massagem nos pés.

Massagem shiatsu para os pés (1)

1. Pressione o acuponto situado exatamente no canto externo inferior da unha do dedão (no lado mais próximo do segundo dedo).
2. Massageie levemente essa área por 20 segundos.

programa força total décimo terceiro dia

Cardápio diário

- **Café-da-manhã: sopa de tofu e alho-poró (*veja p. 165*)**
- **Lanche matinal: uma porção de fruta**
- **Almoço: meia lata de atum no azeite (escorrido), misturado com vagens e sementes de gergelim. Um pãozinho integral**
- **Lanche da tarde: um punhado de amêndoas, pecãs e macadâmias**
- **Jantar: peito de pato grelhado com cebolinha, gengibre e laranja. Refogado de legumes com macarrão oriental. Manga fatiada**
- **Bebidas: chá verde, branco, de canela, de jasmim e água mineral à vontade**
- **Suplementos: veja p. 145**

Rotina diária de exercícios

A postura de ioga de hoje completa a sequência da saudação ao sol. A partir de agora você poderá praticar a sequência completa todas as manhãs – concentre-se na fluidez suave das posturas. Com a prática, você conseguirá repetir a sequência de 2-6 vezes – ou mais, se quiser. Caminhe em ritmo acelerado por 60 minutos, faça bicicleta por 45 minutos ou nade por 40 minutos. Ao anoitecer, relaxe deitado em savasana (*veja p. 129*).

A montanha

1. Fique em pé com as palmas das mãos unidas em prece. Respire regularmente.
2. Relaxe na postura savasana (*veja p. 129*). Beba um pouco de água.

Shiatsu

Verifique os acupontos utilizados nos dias anteriores deste programa e, como sempre, massageie os que ainda estiverem sensíveis por 20 segundos. A massagem de hoje completa o programa de shiatsu.

Cogumelos ricos em minerais

Adicione cogumelos às saladas e refogados, pois são ricos em potássio, que ajuda a diminuir a pressão, e também em cobre, mineral importante para a manutenção do ritmo cardíaco e do equilíbrio dos fluidos corporais, e o funcionamento muscular e nervoso. O cobre também é importante para o metabolismo do colesterol e da glicose.

Massagem shiatsu para os pés (2)

1. Encontre um acuponto situado na terça parte inferior da sola do pé, alinhado com o dedo mais próximo do dedão.
2. Localize alguma sensibilidade e pressione levemente o polegar sobre o ponto sensível, sem massagear, retirando-o com um movimento rápido. Faça o mesmo no outro pé.
3. Se não conseguir encontrar uma área sensível, massageie levemente toda a área por 20 segundos, girando o polegar e retirando-o com um movimento rápido. Repita a massagem no outro pé.

décimo quarto dia

Cardápio diário

- **Café-da-manhã: missoshiro de legumes (*veja p. 164*)**
- **Lanche matinal: uma porção de fruta**
- **Almoço: camarões enrolados em nori (*veja p. 166*). Uma tigela de salada de folhas mistas com molho japonês de vinagre (use uma das receitas das *pp. 166 e 168*). Pãozinho integral**
- **Lanche da tarde: um punhado de amêndoas, pecãs e macadâmias**
- **Jantar: truta assada temperada com folhas de coentro, gengibre, limão e alho. Refogado de legumes mistos. Arroz integral com vinagre de vinho de arroz. Teriyaki de nozes (*veja p. 172*)**
- **Bebidas: chá verde, branco, de canela, de jasmim e água mineral à vontade**
- **Suplementos: veja p. 145**

Rotina diária de exercícios

Comece o dia com pelo menos uma série da saudação ao sol (veja as posturas do 1º ao 12º dias). Depois, faça também a postura de ioga descrita abaixo. Ela não faz parte da saudação ao sol, mas estimula os órgãos internos, especialmente o fígado, os rins e o pâncreas. Caminhe em ritmo acelerado por 60 minutos, faça bicicleta por 45 minutos ou nade por 40 minutos. Ao anoitecer, relaxe deitado em savasana (*veja p. 129*).

Postura da cabeça no joelho

1. Sente-se no chão com as pernas esticadas adiante. Flexione os pés, de modo que os dedos apontem na direção da cabeça.
2. Inspire e dobre uma perna, tocando a parte interna da coxa da perna esticada com a sola do pé ou, se conseguir, o períneo. As mulheres devem dobrar a perna direita, e os homens a perna esquerda.
3. Na próxima inspiração, alongue os braços acima da cabeça. Ao expirar, dobre o corpo e alcance a perna esticada o máximo que puder, alongando o corpo para a frente – o objetivo é tocar o tornozelo com as mãos. Estique-se para a frente, em um alongamento confortável, com as costas eretas e os ombros relaxados. Mantenha a posição por 1 minuto.
4. Relaxe na postura savasana (*veja p. 129*). Beba um pouco de água.

Consulte um acupunturista

Hoje gostaria que você iniciasse um tratamento de acupuntura. Na primeira consulta, o acupunturista levantará seu histórico médico detalhado, verificará o estado da língua e o pulso, e também poderá examinar outras partes do corpo, como o tan tien – um centro de energia situado pouco abaixo do umbigo. O procedimento ajudará na escolha dos acupontos a serem estimulados. Em geral, de 6 a 12 agulhas estéreis e descartáveis são inseridas na pele. As agulhas são finas, e a inserção não deverá ser desconfortável. O acupunturista pode queimar erva moxa na proximidade de determinadas agulhas para aquecê-las, ou aplicar uma corrente elétrica de baixa frequência, técnica conhecida como eletroacupuntura. Antes e logo após o tratamento, evite o consumo de álcool, refeições pesadas, banho quente ou exercícios pesados.

a sequência do programa força total

Muito bem – você seguiu o programa força total por 14 dias. Agora, seus níveis de glicose no sangue devem estar normais na maioria dos dias (*veja p. 18*), graças aos benefícios do índice glicêmico mais baixo, à dieta no estilo japonês, aos exercícios e às terapias. Sugiro que repita o programa mais uma vez, de forma que ele dure pelo menos um mês. Depois disso, as informações a seguir irão ajudá-lo a planejar o futuro utilizando os princípios do programa força total.

A alimentação a longo prazo

O programa força total se baseia na dieta japonesa e contém muitas frutas, legumes, saladas, nozes e peixe, com um pouco de carne magra branca e vermelha.

Ao comprar peixe, avise o peixeiro se planeja consumi-lo cru, e pergunte quando foi pescado. Siga as instruções da p. 130 sobre como escolhê-lo e examine-o cuidadosamente. Os olhos do peixe devem estar claros e brilhantes; as guelras devem ter aparência saudável, rosada ou vermelha. A pele do peixe fresco deve ter brilho sedoso; as escamas devem estar firmes; e a carne, úmida e resistente ao toque. E o mais importante: o peixe deve ter cheiro de água do mar, com o aroma penetrante e salgado do ozônio. Se o peixe tiver odor forte é sinal de que está passado.

Combine o peixe com legumes e, de preferência, com arroz integral. Se sua glicose estiver bem controlada e não precisar perder mais que 6,4 kg de peso, pode ingerir pequenas porções de arroz branco japonês (100 g ou ½ copo de arroz cozido) borrifado com vinagre de vinho de arroz, para reduzir o índice glicêmico.

Restrinja o consumo de carne vermelha e aves a 100 g, 1-2 vezes por semana; e quando usar ovos nas refeições, como no chawan mushi (*veja p. 164*), sempre que possível escolha produtos enriquecidos com ômega-3, pois ele tem efeito benéfico no equilíbrio do colesterol no sangue.

Embora a dieta japonesa seja naturalmente pobre em sal, ainda é importante escolher as versões de shoyu com pouco sal, sempre que possível, visto que o consumo prolongado de sal está diretamente relacionado ao aumento da pressão arterial e ao maior risco de complicações cardiovasculares e hepáticas nos diabéticos.

Se você ainda não tem uma panela wok, adquira uma – sua superfície é maior que a da frigideira e cozinha os alimentos com mais rapidez e usando menos óleo. Os refogados à moda japonesa podem ser criados em minutos com a wok; basta fritar capim-limão, gengibre picado e alho no óleo de gergelim e juntar os legumes e verduras que tiver à mão.

Receitas japonesas Compre um livro de receitas japonesas e use. Existem várias receitas que usam o tofu como ingrediente principal. Mas atenção: cuidado com sobremesas que contêm grandes quantidades de açúcar branco (sacarose). Nessas receitas, substitua o açúcar por adoçantes com baixo índice glicêmico, como a frutose (IG 23), o néctar de agave (IG 11) e o xilitol (IG 7). Para mais informações sobre os adoçantes, veja a p. 46. Ou coma frutas frescas, nozes e castanhas na sobremesa. Ou use algumas das receitas de sobremesa dos programas suave e moderado.

Encontre mais sugestões de sobremesas no site em inglês www.naturalhealthguru.co.uk; além disso, você pode enviar suas receitas prediletas para o site.

O uso de suplementos a longo prazo

Continue a tomar os suplementos recomendados no programa força total (*veja p. 145*). As pesquisas apoiam o seu uso a longo prazo para a obtenção de efeitos significativos no controle da glicemia e na saúde futura. Porém, não aumente as doses sem orientação específica e individual de um nutricionista, naturopata ou médico qualificado. Se seu nível de glicose ainda não estiver tão bom quanto gostaria, e se você não está tomando todos os suplementos recomendados, pode acrescentar agora um ou mais dos opcionais.

A rotina de exercícios

Após várias semanas fazendo exercícios e ioga diariamente, você deve ter percebido uma melhora no tônus muscular e na diminuição da cintura, especialmente se tiver tendência para o formato de maçã. Continue a fazer 60 minutos, pelo menos, de exercícios aeróbicos por dia: caminhada em ritmo acelerado, ciclismo ou natação são ótimas modalidades. Você pode dar início a um programa leve de corrida. Se tiver um histórico de angina ou de ataque cardíaco, peça orientação ao médico sobre a intensidade de exercícios que pode praticar, e se está ou não apto para a corrida. Se ainda não estiver frequentando uma academia, pense em procurar uma para orientação individual. Exercite-se sempre com segurança – veja as orientações na p. 81.

Continue a fazer a saudação ao sol todas as manhãs. Segundo os especialistas em ioga, se você conseguir se adaptar a apenas uma rotina de ioga por dia, esta é a escolha certa. Além disso, sugiro que passe 15 minutos em savasana (*veja p. 129*) para relaxar ao final de cada dia. Se gostar de ioga, considere a possibilidade de fazer um curso ou receber aulas particulares para apurar sua técnica.

Monitoramento da cintura

Fique de olho no peso e na cintura, anotando os valores. Se o peso começar a aumentar, o seu nível de glicose vai piorar. Não deixe o peso aumentar mais de 1 kg sem tomar providências para reduzi-lo. Se a cintura das roupas começar a apertar, aja imediatamente.

O programa de terapia

O programa força total apresentou várias práticas de shiatsu. Continue a usá-las, concentrando-se nos acupontos sensíveis – que indicam que há um desequilíbrio da energia chi nesses locais. Se considerar as intervenções úteis, continue a consultar o terapeuta de shiatsu e o acupunturista.

Monitoramento da glicemia

Meça seu nível de glicose no sangue regularmente – na frequência indicada pelo médico. Se os registros estiverem entre 4-7 mmol/l (72-126 mg/dl), continue no programa força total, que parece ser adequado para você. Se estiverem regularmente acima de 7 mmol/l (126 mg/dl), tente seguir a dieta mediterrânea do programa moderado, para ver se ela combina melhor com você. Se fizer isso, mantenha a dosagem alta de suplementos sugerida no programa força total.

Se os registros de glicemia estiverem constantemente acima de 10 mmol/l (180 mg/dl) ou abaixo de 4 mmol/l (72 mg/dl), consulte o médico para obter orientação individual permanente, visto que a medicação pode precisar de ajustes. Procure aconselhamento médico se sua pressão arterial estiver constantemente acima de 130/80 mmHg.

receitas do programa força tota

café-da-manhã

chawan mushi (pudim de ovos)

rendimento: 4 porções

4 ovos enriquecidos com ômega-3
475 ml de caldo frio de galinha, legumes (por exemplo, feito com alga kombu) ou peixe
1 colher (sopa) de saquê
1 colher (chá) de shoyu light
150 g de peito de frango ou carne de siri, camarões ou vieiras cozidos e picados
2 cogumelos shitake (ou portobelo) em fatias finas
4 talos de cebolinha picados
pimenta-do-reino moída na hora
folhas de salsa para servir

1 Bata os ovos levemente e acrescente o caldo, o saquê e o shoyu. Tempere com pimenta-do-reino.
2 Distribua o frango, os cogumelos e a cebolinha em 4 forminhas refratárias e derrame a mistura dos ovos por cima.
3 Coloque 2,5 cm de água para ferver em uma panela a vapor, diminua o fogo e coloque as forminhas na panela.
4 Tampe e cozinhe no vapor por 12 minutos, até os ovos ficarem firmes mas macios, como um tofu cremoso. Salpique a salsa e sirva.

missoshiro de legumes

rendimento: 4 porções

1 tira de alga kombu
1 litro de caldo de legumes ou água
1 dente de alho amassado
1 colher (sopa) de óleo de gergelim
4 talos de cebolinha picados
1 nabo pequeno em palitos finos
2 cenouras descascadas em palitos finos
um punhado de cogumelos japoneses fatiados
125 ml de missô
pimenta-do-reino moída na hora
folhas de coentro para decorar (opcional)

1 Coloque a alga kombu, o caldo ou água e o alho em uma panela. Ferva lentamente por 10 minutos.
2 Retire a alga e reserve para utilizá-la em outra ocasião (por exemplo, para fazer mais caldo).
3 Aqueça o óleo, junte a cebola, o nabo, as cenouras e os cogumelos e refogue por 5 minutos. Adicione o caldo quente e aqueça, sem ferver.
4 Misture bem um copo do caldo com o missô, e devolva à sopa. Tempere com pimenta.
5 Sirva imediatamente. Se desejar, salpique o coentro.

rolinhos tricolores de salmão

rendimento: 4 porções

8 cm de nabo
16 folhas de espinafre
16 filés de salmão defumado de 5 x 10 cm
1 pote pequeno de gengibre em conserva escorrido
um punhado de folhas de coentro
45 ml de vinagre de vinho de arroz

1 Corte o nabo em 16 lascas finas e deixe de molho por 20 minutos para amaciar.
2 Cozinhe rapidamente o espinafre no vapor, até começar a murchar. Enxágue em água fria e aperte delicadamente para retirar o excesso de líquido.
3 Para fazer os rolinhos, coloque uma folha de espinafre sobre uma fatia de salmão, dobrando as partes da folha que ficarem para fora. Coloque por cima uma fatia de nabo, algumas lascas de gengibre e algumas folhas d coentro. Enrole e prenda com um pal
4 Salpique o vinagre sobre os rolinho e deixe na geladeira por 2-3 horas, virando de vez em quando.
5 Para servir, retire o palito e corte cada rolinho ao meio, transversalmente, pa deixar a espiral de cores visível. Guarneça com coentro.

sopa de tofu e alho-poró

rendimento: 4 porções

1 tira de alga kombu
1 litro de caldo de legumes ou água
1 dente de alho amassado
2 alhos-porós pequenos fatiados
60 ml de shoyu light
115 g de tofu firme em cubos
um punhado de brotos de feijão
pimenta-do-reino moída na hora
folhas de coentro para servir (opcional)

1. Coloque o kombu, o caldo ou água, e o alho em uma panela. Ferva e cozinhe lentamente por 10 minutos.
2. Retire a alga e reserve para utilizá-la novamente (por exemplo, para dar sabor no cozimento de vagem ou legumes).
3. Junte o alho-poró e o shoyu no caldo e cozinhe lentamente por 5 minutos, até o alho-poró ficar tenro. Tempere com pimenta.
4. Adicione o tofu e o broto de feijão e sirva imediatamente. Se desejar, salpique as folhas de coentro.

sashimi

rendimento: 4 porções

225 g de filés de peixe cru fresco (como salmão, atum, truta, cavala, tainha) sem pele e sem espinha
um punhado de nabo ralado
1 abobrinha em palitos
1 cenoura em palitos
90 ml de shoyu light
suco e raspas de 1 limão
wasabi (opcional)

1. Coloque o peixe em uma peneira, jogue água fervente e mergulhe imediatamente em água gelada. Seque batendo levemente.
2. Fatie o peixe no sentido contrário às fibras, em tiras finas. Disponha o peixe, o nabo, a abobrinha e a cenoura em um prato.
3. Misture o shoyu com o suco e as raspas de limão, e sirva como acompanhamento junto com o wasabi, se desejar.

sushi à moda ocidental

rendimento: 4 porções

30 ml de vinagre de vinho de arroz
200 g de arroz integral cozido frio
10 fatias de salmão defumado

1. Regue o arroz com o vinagre e misture bem. Corte as fatias de salmão em quadrados irregulares.
2. Forre um porta-ovo com filme de PVC, deixando as sobras para fora. Coloque um quadrado de salmão sobre o filme, forrando a taça, e cubra os vazios com pedaços menores de peixe.
3. Preencha com arroz e pressione firmemente com os dedos. Dobre as pontas do salmão defumado sobre o arroz, para cobri-lo o máximo que puder. Retire o filme e vire o sushi sobre um prato. Repita o processo com os pedaços de salmão e o arroz restantes. Sirva imediatamente.

almoço receitas

salada japonesa de pepino e frango

rendimento: 4 porções

2 peitos de frango desossados sem pele
1 pepino em palitinhos
1 pé de alface

Molho:
90 ml de vinagre de vinho de arroz
1 colher (chá) de wasabi
30 ml de shoyu light

1 Corte o frango em tirinhas e, com cuidado, coloque em uma panela com água fervente por alguns minutos, até cozinhar. Retire e deixe esfriar.
2 Para fazer o molho, misture o vinagre de arroz, o wasabi e o shoyu.
3 Coloque o frango e o pepino em uma travessa, regue com o molho e misture bem. Sirva sobre folhas de alface.

salada japonesa de repolho

rendimento: 4 porções

30 g de amêndoas torradas
30 g de gergelim tostado
um punhado de folhas de acelga rasgadas
um punhado de repolho-roxo rasgado
um punhado de brotos de feijão
1 pimentão verde sem semente picado
4 talos de cebolinha picados
30 g de macarrão lámen seco triturado (sem tempero)

Molho:
30 ml de vinagre de vinho de arroz
3 colheres (chá) de shoyu light
3 colheres (chá) de suco de maçã
3 colheres (chá) de óleo de gergelim
pimenta-do-reino moída na hora

1 Coloque todos os ingredientes da salada em uma tigela e misture delicadamente.
2 Feche os ingredientes do molho em um pote e agite bem. Tempere com a pimenta e despeje o molho sobre a salada. Cubra e deixe na geladeira por 1 hora pelo menos antes de servir.

camarões enrolados em nori

rendimento: 4 porções

16 camarões graúdos cozidos
4 quadrados de alga nori
16 talos finos de cebolinha

Molho:
200 ml de shoyu light
100 ml de mirin
3 cm de gengibre descascado e ralado

1 Retire a casca do camarão mas deixe a cauda. Remova a tripa escura que fica no dorso do camarão.
2 Corte a alga em 4 tiras compridas. Escalde rapidamente a cebolinha em água fervente, até murchar.
3 Misture todos os ingredientes do molho em uma tigela. Pincele os camarões e um lado de cada pedaço de nori com o molho. Embrulhe a tira de nori no centro de cada camarão e amarre uma cebolinha em cada um.
4 Coloque sobre uma grelha preaquecida e asse 1 minuto de cada lado. Sirva com o molho restante.

à direita: camarões enrolados em nori

salada japonesa de pepino e amendoim

rendimento: 4 porções

1 pepino cortado ao meio no sentido do comprimento em fatias finas
½ cebola-roxa bem picada
½ pimentão vermelho picado
um punhado de amendoins sem sal picados
1 pé de alface

Molho:
um punhado de folhas de coentro picadas
suco e raspas de 2 limões
30 ml de suco de maçã
30 ml de vinagre de vinho de arroz

1 Misture o pepino com a cebola, o pimentão e os amendoins.
2 Coloque os ingredientes do molho em um pote com tampa e agite. Regue a salada com o molho. Sirva sobre as folhas de alface.

salada de carne com nabo

rendimento: 4 porções

um punhado de cenoura ralada
um punhado de nabo ralado
um punhado de brotos de feijão
100 g de carne cozida fria em tiras

Molho:
30 ml de vinagre de vinho de arroz
3 colheres (chá) de shoyu light
3 colheres (chá) de suco de maçã
3 colheres (chá) de óleo de gergelim
pimenta-do-reino moída na hora

1 Misture a cenoura, o nabo, os brotos de feijão e as tiras de carne.
2 Feche os ingredientes do molho em um pote e agite. Regue a salada com o molho, misture bem e sirva.

salada de arroz integral

rendimento: 4 porções

225 g de arroz integral
um punhado de nabo ralado
um punhado de brotos de feijão
1 talo de aipo picado
2 talos de cebolinha picados
um punhado de folhas de coentro picadas
um punhado de amêndoas fatiadas
1 laranja em gomos
salada de folhas mistas para servir
pimenta-do-reino moída na hora

Molho:
suco e raspas de 1 laranja
30 ml de óleo de gergelim ou de nozes
2 colheres (chá) de shoyu light
2 colheres (chá) de vinho de arroz (ou xerez seco)
1 dente de alho amassado
3 cm de gengibre descascado e ralado

1 Ferva o arroz em bastante água por 30 minutos ou até ficar cozido. Escorra.
2 Ponha todos os ingredientes do molho em um pote com tampa e agite. Despeje o molho sobre o arroz quente, tempere bem com pimenta e mexa. Deixe esfriar.
3 Quando estiver frio, misture os ingredientes restantes da salada e sirva sobre uma salada de folhas mistas.

salada de carne com nabo

jantar receitas

legumes refogados com bifum

rendimento: 4 porções

1 pacote de bifum
2 dentes de alho amassados
1 talo de capim-limão bem picado
3 cm de gengibre descascado ralado
um pouco de óleo de gergelim
4 talos de cebolinha fatiados
2 talos de aipo fatiados
2 cenouras em palitos
8 minimilhos cortados ao meio no sentido do comprimento
2 pimentões vermelhos fatiados
dois punhados de couve, couve-chinesa, espinafre, mostarda ou acelga picados
30 ml de shoyu light

1. Cozinhe o bifum em água fervente por 2 minutos. Mexa sempre. Escorra.
2. Frite o alho, o capim-limão e o gengibre no óleo de gergelim por 1 minuto. Junte os legumes e verduras restantes e refogue por 6 minutos.
3. Misture o shoyu e o bifum com os legumes e aqueça antes de servir.

tofu assado marinado

rendimento: 4 porções

300 g de tofu firme em pedaços
uma pitada de gergelim para decorar

Molho:
30 ml de shoyu light
3 colheres (chá) de óleo de gergelim escuro
3 cm de gengibre descascado e ralado
1 colher (sopa) de saquê

1. Disponha o tofu em uma assadeira em uma única camada.
2. Misture todos os ingredientes do molho e despeje sobre o tofu, cobrindo todos os pedaços. Deixe marinar por 30 minutos.
3. Preaqueça o forno a 180°C. Asse o tofu por 20 minutos, virando os pedaços durante o preparo. Sirva com o gergelim salpicado por cima.

teriyaki de salmão

rendimento: 4 porções

4 filés de salmão
30 ml de óleo de gergelim
60 ml de shoyu light
3 colheres (chá) de mirin
3 colheres (chá) de missô
um punhado de folhas de coentro picadas

1. Salteie os filés de salmão no óleo de gergelim até ficarem levemente dourados.
2. Retire o excesso de óleo e acrescente o shoyu e o mirin. Cozinhe em fogo baixo por 5 minutos, depois retire o peixe e mantenha aquecido.
3. Cozinhe lentamente o líquido restante, reduzindo-o à metade. Misture o missô e derrame o molho sobre o peixe. Sirva com o coentro salpicado por cima.

peixe no vapor com arroz integral

rendimento: 4 porções

1 litro de caldo de legumes ou água
200 g (1 copo) de arroz integral longo
4 filés de peixe branco
um pedaço de gengibre descascado e ralado
1 ramo de capim-limão picado
1 pimenta vermelha picada (opcional)
suco e raspas de 1 limão-siciliano
um punhado de brócolis
um punhado de ervilha-torta
30 ml de shoyu light
2 cebolinhas picadas
um punhado de coentro fresco picado

1 Ferva o caldo em uma panela a vapor com dois andares. Jogue o arroz no caldo e cozinhe lentamente por 20 minutos.
2 Coloque os filés de peixe em um prato pequeno e tempere com o gengibre, o capim-limão, a pimenta, o suco e as raspas de limão-siciliano.
3 Coloque o prato de peixe na parte superior da panela, e o brócolis e a ervilha-torta na camada do meio. Cozinhe por 10 minutos.
4 Misture o arroz, os legumes, o shoyu, as cebolinhas e o coentro. Sirva com o peixe por cima.

refogado de alga com cogumelo e verduras

rendimento: 4 porções

50 g de alga aramê
1 cebola picada
1 dente de alho amassado
um pouco de óleo de gergelim
200 g de cogumelos
um punhado de brócolis cortado
60 ml de shoyu
um punhado de ervilha-torta
um punhado de coentro picado

1 Cubra a alga aramê com água e deixe de molho por 15 minutos. Escorra e reserve o líquido.
2 Frite a cebola e o alho por 2 minutos, adicione os cogumelos, o brócolis e o shoyu e refogue por 7 minutos.
3 Junte a ervilha-torta e a alga e cozinhe por mais 2 minutos. Sirva com o coentro por cima.

cogumelos refogados com algas

rendimento: 4 porções

50 g de algas mistas (wakame, nori, aramê e hijiki)
1 cebola picada
1 dente de alho amassado
um pouco de óleo de gergelim
200 g de cogumelos mistos (shitake, maitake, shimeji e hiratake)
175 g de minimilho cozido
um punhado de brotos de feijão
30 ml de shoyu light
pimenta-do-reino moída na hora
uma pitada de gergelim torrado para servir

1 Cubra as algas com água e deixe de molho por 15 minutos. Escorra e reserve o líquido.
2 Frite a cebola e o alho no óleo de gergelim até ficarem macios. Acrescente os cogumelos e refogue por 4 minutos.
3 Junte o minimilho, os brotos de feijão e o shoyu; se necessário, umedeça com a água reservada das algas. Tempere bem com pimenta. Sirva com o gergelim por cima.

espetinho japonês de carne de porco

rendimento: 4 porções

400 g de lombo de porco magro desossado em cubos

Marinada:
30 g de creme de amendoim sem açúcar
1 talo de cebolinha bem picada
30 ml de suco de limão
3 colheres (chá) de óleo de gergelim escuro
3 colheres (chá) de shoyu light
3 colheres (chá) de molho de peixe (opcional)
3 cm de gengibre descascado e ralado
um punhado de coentro fresco
1 dente de alho amassado
pimenta-do-reino moída na hora

1 Bata os ingredientes da marinada. Tempere com pimenta. Despeje a mistura sobre a carne de porco e deixe marinar na geladeira por 2 horas no mínimo.
2 Espete a carne de porco em palitos deixados de molho e coloque na grelha ou na churrasqueira por 5-8 minutos, virando até assar completamente.

yakitori

rendimento: 4 porções

2 peitos de frango sem pele em cubos
1 pimentão verde em quadrados pequenos
2 alhos-porós pequenos em pedaços de 2 cm

Molho:
30 ml de saquê
45 ml de mirin
45 ml de shoyu light
1 dente de alho amassado
3 cm de gengibre descascado e ralado

1 Coloque o frango, o pimentão e os alhos-porós em espetos de bambu deixados de molho em água.
2 Misture os ingredientes da marinada e despeje sobre os espetos.
3 Grelhe por 6 minutos de cada lado ou até o frango assar bem. Regue os espetos com o molho durante o preparo.

pescada à oriental

rendimento: 4 porções

4 filés de pescada (ou outro peixe branco)
quatro punhados de verduras asiáticas (couve-chinesa, acelga ou espinafre japonês)

Molho:
2 dentes de alho amassados
1 pimenta vermelha picada
1 pedacinho de gengibre descascado e ralado
2 colheres (chá) de molho de peixe (shottsuru)
suco e raspas de 1 limão
3 cebolinhas picadas
30 ml de shoyu light
90 ml de vinho de arroz (ou xerez seco)

1 Faça talhos profundos no peixe. Coloque todos os ingredientes do molho em um pote, feche e agite bem. Despeje o molho sobre o peixe e deixe marinar por 1 hora.
2 Grelhe o peixe por 4 minutos de cada lado. Cozinhe as verduras no vapor por 5 minutos e sirva com o peixe.

espetinho japonês de carne de porco

legumes orientais com arroz integral

rendimento: 4 porções

200 g de arroz integral
45 ml de azeite ou óleo de gergelim
3 cm de gengibre descascado e ralado
1 dente de alho amassado
2 cebolas picadas
1 pimentão vermelho sem semente em tiras
200 g de cogumelos (shitake, maitake, shimeji e hiratake)
dois punhados de brotos de feijão
30 ml de shoyu light
30 ml de saquê (ou xerez seco)
1 colher (chá) de amido de milho dissolvido na água
um punhado de folhas de coentro picadas

1 Cozinhe o arroz em bastante água por 30 minutos. Enquanto isso, aqueça o óleo numa caçarola. Acrescente o gengibre, o alho e as cebolas e refogue por 5 minutos. Depois o pimentão e os cogumelos, e refogue por mais 5 minutos.
2 Junte os brotos de feijão, o shoyu, o saquê e o amido de milho dissolvido, mexendo sempre.
3 Escorra o arroz. Tempere bem com pimenta-do-reino e misture com o coentro. Sirva com os legumes refogados por cima.

sobremesa e lanche receitas

laranja com kiwi

rendimento: 4 porções

4 laranjas descascadas
4 kiwis descascados
um punhado de pistaches

1 Corte as laranjas e os kiwis em fatias bem finas. Disponha as fatias em 4 pratos individuais, sobrepondo as frutas.
2 Salpique os pistaches por cima e sirva.

damascos recheados com amêndoas

rendimento: 4 porções

16 damascos
175 g de tofu silken
suco e raspas de 1 laranja
um punhado de amêndoas fatiadas
1 pitada de gergelim claro

1 Corte os damascos ao meio e retire o caroço. Amasse o tofu, o suco e as raspas da laranja e as amêndoas fatiadas.
2 Use a mistura para fazer um sanduíche com as metades de damasco. Disponha em uma travessa. Salpique um pouco de gergelim e sirva.

teriyaki de nozes

rendimento: 4 porções

um pouco de óleo de gergelim
100 g de nozes partidas ao meio
2 colheres (chá) de gergelim torrado
suco e raspas de 1 laranja
3 colheres (chá) de shoyu light
1 colher (chá) de gengibre descascado e ralado
1 dente de alho amassado
1 pimenta vermelha picada

1 Preaqueça o forno a 180°C. Disponha as nozes em uma única camada na assadeira forrada com papel-manteiga. Asse por 10 minutos, mexendo de vez em quando, até dourarem ligeiramente.
2 Coloque o suco e as raspas de laranja, o shoyu, o gengibre, o alho e a pimenta em uma panela. Deixe ferver.
3 Diminua o fogo, junte as nozes e deixe no molho até o líquido evaporar (não deixe queimar). Passe as nozes no gergelim, cobrindo-as.
4 Espalhe as nozes novamente na assadeira em camada única. Reduza a temperatura do forno para 150°C. Asse por 10 minutos até a cobertura ficar seca. Deixe esfriar.

bananas com castanha-do-pará

rendimento: 4 porções

4 bananas pequenas cortadas no sentido do comprimento
dois punhados de castanhas-do-pará partidas ao meio
um punhado de coco fresco em tiras ou desidratado

1. Arrume as bananas em um prato, com a parte cortada para cima.
2. Decore cada fatia com uma carreira de castanhas-do-pará. Salpique o coco e sirva.

lichias, rambotãs e ameixas

rendimento: 4 porções

4 ramos de hortelã
12 rambotãs
12 lichias frescas
12 ameixas pequenas

1. Abra o rambotã quebrando a casca com a unha ou com a ponta de uma colher de chá. Abra as lichias retirando o talo e espremendo a fruta para fora.
2. Coloque 3 lichias, 3 rambotãs, 3 ameixas e um ramo de hortelã em cada prato e sirva.

bananas geladas ao chocolate

rendimento: 4 porções

4 bananas pequenas
100 g de chocolate amargo (com 70 por cento de cacau no mínimo)
um punhado de amêndoas fatiadas

1. Descasque as bananas e leve ao freezer por 2 horas.
2. Quebre o chocolate em pedaços e derreta em um refratário em banho-maria.
3. Fatie as bananas geladas e cubra com o chocolate derretido. Salpique as amêndoas por cima.

lichias recheadas

rendimento: 4 porções

20 lichias
55 g de tofu silken
1 colher (chá) de gengibre bem picado
10 pecãs bem picadas

1. Descasque as lichias e retire as sementes com cuidado.
2. Amasse o tofu, o gengibre e metade das pecãs, e recheie as lichias com essa pasta.
3. Disponha em um prato e espalhe as pecãs restantes por cima.

lichias, rambotãs e ameixas

endereços úteis

Diabetes

- Abeso – Associação Brasileira para o Estudo da Obesidade e da Síndrome Metabólica
  www.abeso.org.br

- Anad – Associação Nacional de Assistência ao Diabético
  www.anad.org (em inglês)

- Associação para o Controle e Educação em Diabetes
  Tel.: (11) 3266-7924
  E-mail: diabetes.aced@uol.com.br

- Saúde e Vida on line
  Site direcionado para leigos, editado pela Unicamp, com a consultoria de médicos e profissionais da saúde.
  www.saudevidaonline.com.br

- Sociedade Brasileira de Diabetes
  www.diabetes.org.br

Índice Glicêmico

- Abran (Associação Brasileira de Nutrição)
  www.abran.org.br

Medicina complementar

- ABMC (Associação Brasileira de Medicina Complementar)
  www.medicinacomplementar.com.br

Aromaterapia

- Abraroma (Associação Brasileira de Aromaterapia)
  www.aromaterapia.org.br

Acupuntura

- ABA (Associação Brasileira de Acupuntura)
  www.abapuntura.com.br

- Associação Médica Brasileira de Acupuntura
  www.amba.org.br

- Ceata (Centro de Estudos de Acupuntura e Terapias Alternativas)
  www.acupuntura.org.br

- IBMTC (Instituto Brasileiro de Medicina Tradicional Chinesa)
  www.abarj.com.br

- Sociedade Médica de Acupuntura – RJ
  www.acupuntura.org/somarj/

Fitoterapia

- Fitoterapia e terapias complementares
  www.fitoterapia.com.br

- Sobrafito (Associação Médica Brasileira de Fitomedicina)
  www.sobrafito.com.br

Homeopatia

- AMHB (Associação Médica Homeopática Brasileira)
  www.amhb.org.br

- Associação Paulista de Homeopatia
  www.aph.org.br

- Homeopationline.com
  www.homeopatiaonline.com

Terapias holísticas

- Abrath (Associação Brasileira dos Terapeutas Holísticos e outros)
  www.abrath.org

Reflexologia

- Associação Brasileira de Reflexologia e afins
  www.reflexoterapia.com.br

Ioga

- Associação de Estudos de Yoga
  www.aeyoga.com

- Associação de Yoga do Estado de São Paulo
  www.ayesp.org.br

Meditação chinesa

- Associação Taichi Pailin – Espaço Luz
  www.taichipailin.com.br

índice

agradecimentos

A editora agradece aos seguintes bancos de imagens pela autorização de reprodução de seu material. Todo cuidado foi tomado para localizar os proprietários dos direitos autorais. No entanto, pedimos desculpas caso alguém tenha sido omitido e, se informados, faremos as correções nas edições futuras.

Página 84 Mel Yates/Getty; **88** Banco de imagens/Japack Photos; **118** Heidi Coppock-Beard/Getty; 124 Banco de imagens/Nonstock INC; **146** Almamy Images; **154** Clare Park/ Practical Pictures

Agradecimentos da autora

Agradeço ao meu marido Richard, que, de boa vontade, ofereceu inestimável apoio e auxílio durante o longo tempo de pesquisa e execução do livro. Também sou grata a todos que contribuíram para a efetivação desta obra, inclusive a Grace Cheetham, da Duncan Baird, a Judy Barratt e Kesta Desmond – que garantiram a uniformidade de todo o trabalho – e, é claro, à minha insubstituível agente Mandy Little.